l'A

CW01430005

Tulipes

Yves-Marie Allain
Catherine Garnier

Flammarion

Handwritten annotations: avril 1999; Bon Anniversaire, Sally! Amitiés, Suzanne

LES QUESTIONS QUE L'ON SE POSE

La tulipe est l'une des plantes les plus connues de notre patrimoine floral. Mais quelle est son origine géographique ? On ne la trouve à l'état naturel ni en Amérique, ni dans l'hémisphère austral.
Qu'en est-il en Europe ?

Les tulipes saluent le printemps de leur floraison spectaculaire. Perroquet, Rembrandt, Fleur de pivoine ou Fleur de lis… Capricieuses ou robustes, se cultivent-elles facilement ?

Plante à bulbe, la tulipe se multiplie de plusieurs manières. Clonages ou croisements ? Quels moyens les obtenteurs utilisent-ils pour créer de nouvelles formes et varier les couleurs ?

COMMENT L'ABCdaire Y RÉPOND...

Le guide de l'abécédaire p. 6

Il explique comment comprendre les tulipes en regroupant les notices de l'abécédaire selon les circonstances d'apparition des espèces et la richesse culturelle qu'elles engendrent. Un code de couleurs indique le genre de chaque notice :

■ La botanique : les espèces, les obtenteurs.

■ La culture : les soins, l'art du jardin, la protection.

■ L'histoire : la symbolique, la littérature, la peinture.

À partir de la lecture de ces notices, et grâce aux renvois signalés par les astérisques, le lecteur voyage comme il lui plaît dans l'abécédaire.

L'abécédaire p. 31

Par ordre alphabétique, on trouvera dans ces notices tout ce qu'il faut savoir pour entrer dans l'univers des tulipes. L'information est complétée par les éclairages suivants :
- des explications détaillées sur les principales étapes de la culture des tulipes ;
- des encadrés qui mettent en lumière les aspects essentiels de leur étude.

Les Tulipes racontées p. 11

En tête de l'ouvrage, une synthèse reprend l'articulation du guide de l'abécédaire en développant chacun de ses thèmes.

I. DE LA NATURE AU JARDIN

A. Les tulipes botaniques

Les tulipes de type sauvage poussent en majorité dans des régions monta-gneuses et difficiles d'accès. De nouvelles espèces sont encore à découvrir dans des zones botaniquement non explorées.

- *Classification botanique*
- *Description botanique*
- *Flore de France*
- *Origine géographique*
- *Protection*

B. Les tulipes horticoles

Depuis leur introduction en Europe occidentale, les tulipes ont été l'objet de recherches en matière de formes et de couleurs. Résultat : en 1987, plus de 2 300 créations étaient répertoriées dans la classification horticole.

- *Classification horticole*
- *Cultivars*
- *Hybridation*
- *In vitro*
- *Multiplication*
- *Nomenclature horticole*
- *Sélection*

C. Au jardin

Plantées aux XVIe et XVIIe siècles en nombre restreint dans des jardins clos où des miroirs astucieusement placés multipliaient leur éclat, les tulipes apportent de nos jours au printemps leurs couleurs franches et vives aux massifs et par-terres des parcs publics et des jardins de toutes sortes.

- *Exigences*
- *Feu*
- *Jardin*
- *Nouriture et arrosage*
- *Plantation*
- *Rocaille*
- *Sol*

II. UNE PLANTE À BULBE

A. Le bulbe

Organe fondamental, le bulbe renferme le potentiel de croissance de la plante tout entière. Il fournit à la tulipe l'énergie nécessaire à son développement et à sa multiplication.

- *Alimentaire*
- *Bulbes*
- *Bulbille*
- *Calibre*
- *Forçage*
- *Maladie*
- *Préparation thermique*

B. D'un printemps à l'autre

Le cycle végétatif s'opère en grande partie sous terre. Au printemps, une fois la fleur fanée, le bulbe disparaît. Mais un autre naîtra de ses cendres pour assurer la floraison du printemps suivant.

- *Absence de floraison*
- *Après floraison*
- *Conservation*
- *Cycle végétatif*
- *Maturation*
- *Printanière*
- *Vivace*

C. Formes et couleurs

La tulipe s'épanouit en des fleurs aux formes et aux couleurs variées. Parallèlement au goût pour les tulipes panachées aux multiples couleurs s'est développée la mode des fleurs à la couleur unique et profonde. Mais la quête de l'inaccessible n'a pas cessé : la tulipe noire reste à créer.

- *Couleur*
- *Fleurs coupées*
- *Forme des fleurs*
- *La Quintinye (Jean de)*
- *Noire*

III. HISTOIRE D'UN SUCCÈS

A. Le voyage d'une fleur

De la Turquie à la cour impériale d'Autriche, de Vienne à Leyde, des Pays-Bas au reste de l'Europe, la tulipe n'en finit pas de voyager. La passion qu'elle fit naître est à l'origine d'une diffusion sans précédent.

- *Écluse (Charles de)*
- *Europe*
- *Introduction*
- *Ottoman (Empire)*

B. La tulipomania

Au début du XVIIᵉ siècle, les Hollandais sont pris de folie : ils donneraient tout ce qu'ils possèdent pour un bulbe de tulipe panachée, devenue objet de spéculation. L'escalade boursière tournera court.

- *Panachée*
- *Pays-Bas*
- *Tulipomania*

C. Toujours présente

La tulipe a toujours été recherchée par les amateurs de jardin. Aujourd'hui encore, les tentatives sont nombreuses pour créer de nouveaux cultivars.

- *Bac*
- *Composition*
- *Obtenteur*
- *Tendances de demain*

IV. AU-DELÀ DE LA FLEUR

A. Réalité, légende, symbole

Selon la tradition perse ou la légende occidentale, la tulipe est symbole d'amour malheureux. Emblème de l'empire ottoman, elle fera l'objet de fêtes somptueuses au XVIIIe siècle.

▪ *Langage des fleurs*   ▪ *Légende*   ▪ *Littérature*

B. Représentation

Stylisée, la tulipe a inspiré, à travers les siècles, les décorateurs tant dans l'empire ottoman qu'en Occident. Naturaliste, elle illumine les tableaux de l'école hollandaise.

▪ *Florilège*   ▪ *Motif décoratif*   ▪ *Représentation naturaliste*
▪ *Herbier*   ▪ *Philatélie*   ▪ *Vélin*

C. La diffusion d'un mot

De tulipe à tulipier, en passant par tulipiste, le nom tulipe, du turc *tulipan* (turban), s'est largement diffusé dans le vocabulaire français et européen.

▪ *Nom*   ▪ *Noms dérivés*

LES TULIPES RACONTÉES

La promenade printanière dans les jardins, l'arrêt en toutes saisons devant la boutique d'un fleuriste ou la lecture d'un catalogue d'horticulteur pourraient laisser penser que la tulipe a toujours figuré dans la liste des plantes à fleur de nos jardins et de nos bouquets. Or malgré sa popularité actuelle, elle était encore totalement inconnue en Europe occidentale il y a 450 ans. La tulipe fut, comme des milliers d'autres plantes, rapportée de contrées étrangères pour enrichir les collections, parfaire la connaissance du monde végétal et participer à la reconstitution du paradis terrestre en réunissant en un même lieu – le jardin botanique – toutes ces plantes de la Terre dispersées lors du Péché originel. Mais contrairement à la majorité de ses congénères, la tulipe, en quelques années seulement, sort totalement de l'anonymat pour devenir à la fois un élément de décoration et un objet de convoitise, de commerce, voire de spéculation. Dès le début du XVIIᵉ siècle, elle a pris place dans les jardins des grands. Il est également curieux de noter qu'en dehors de la décoration du jardin, qu'elle réveille au printemps par sa floraison lumineuse éphémère, la tulipe n'a guère donné lieu à d'autres emplois. Nom* créé avec l'arrivée de la plante et latinisé en *Tulipa* pour le genre, le mot tulipe et ses dérivés vont prendre une place certaine dans le vocabulaire français.

I. De la nature au jardin
A. Les tulipes botaniques

Si les premières tulipes connues et décrites en Europe occidentale sont originaires d'Asie occidentale, le genre *Tulipa*, de la famille des Liliacées, comprend à l'heure actuelle environ 125 espèces, toutes originaires des régions montagneuses de l'hémisphère nord européen et asiatique. Les prospections botaniques actuelles dans certaines régions montagneuses, en particulier de Chine, devraient permettre de découvrir des espèces encore inconnues.

La classification* botanique actuelle divise le genre en trois grandes sections en fonction de la forme des étamines et de la base du calice : les sections *Leiostemones*, *Eriostemones* et *Orithyia*. D'une espèce à l'autre, la forme des fleurs est apparemment peu variée, mais des différences peuvent néanmoins exister au stade du bouton et au moment de l'épanouissement. Certaines fleurs ont une forme campanulée, d'autres en coupe, d'autres en étoile. Mais le nombre de pièces florales est toujours de 3 sépales et 3 pétales souvent similaires, de 6 étamines et 3 stigmates.

Les couleurs à l'état spontané sont, suivant les espèces, blanches, jaunes, rouges, rouges et jaunes. Une quinzaine d'espèces est présente dans la flore* de France, sans doute introduites par l'homme il y a quelques siècles. Reste que toutes les tulipes spontanées, qu'elles appartiennent au groupe Œil de Soleil ou au groupe de Savoie, sont en voie de disparition et font l'objet d'une protection* afin d'essayer de les conserver à l'état « sauvage » dans leur milieu d'origine.

B. Les tulipes horticoles

Depuis l'introduction* officielle de la tulipe au XVIe siècle en Europe occidentale, les botanistes comme les horticulteurs et les amateurs ont entrepris un important travail de sélection* et d'hybridation* à partir des tulipes botaniques pour obtenir des fleurs encore plus spectaculaires. Cependant, devant le nombre impressionnant de cultivars* et d'hybrides, il devint nécessaire, à la fin du XIXe siècle, de classer, de comparer et d'enregistrer toutes les créations. C'est ainsi que furent créées une nomenclature* et une classification* horticoles dont le registre est tenu aux Pays-Bas* par l'Association royale pour la bulbiculture. Répartis en quinze classes, 2 300 noms de cultivars sont enregistrés et décrits, avec 11 classes qui regroupent les tulipes de jardin – Simples hâtives, Doubles hâtives, Triomphe, Hybrides de Darwin, Simples tardives, Frangées, Viridiflora, Rembrandt, Perroquet et Doubles tardives – et 4 classes pour les tulipes botaniques – Kaufmanniana, Fosteriana, Greigii, et les autres espèces botaniques.

C'est essentiellement aux Pays-Bas que le travail sur les nouveaux hybrides s'effectue et que les nouvelles formes et couleurs sont recherchées, parmi lesquelles la célèbre tulipe noire* ! Mais ce travail est long, dans la mesure où il se déroule entre dix et vingt-cinq ans entre la sélection d'un nouveau cultivar et sa possibilité de commercialisation. Or il est déjà nécessaire d'attendre environ cinq ans entre le semis* et la première floraison. Par ailleurs, de nombreux critères doivent être pris en compte, dont le caractère de nouveauté, la tenue au jardin, l'aptitude au forçage*, la tenue comme fleur* coupée, la résistance aux maladies* et parasites... Pour satisfaire la demande, c'est plusieurs millions de bulbes qui sont ainsi produits chaque année en Europe, et surtout aux Pays-Bas, pour la décoration des jardins et la production de fleurs coupées.

C. Au jardin

L'utilisation de la tulipe comme plante à fleur pour la décoration du jardin* a évolué au cours des siècles avec les modifications du décor floral dans l'art* des jardins. Il est à noter que dès leur introduction, les tulipes employées se sont éloignées des types botaniques, même si elles sont considérées comme appartenant à l'espèce botanique *Tulipa gesneriana.*

Durant les XVIIᵉ et XVIIIᵉ siècles, les tulipes sont plantées en petit nombre dans le jardin fleuriste, où chaque fleur peut être admirée pour elle-même par son propriétaire. La Quintinye*, directeur du potager de Louis XIV à Versailles, classera les tulipes connues en diverses catégories en fonction de la qualité de leurs panachures*. Les cultivars* les plus recherchés ont quatre, cinq, parfois davantage de couleurs. La stabilité de ces tulipes est faible car la panachure est d'origine virale ; beaucoup disparaissent en quelques années. En outre, au cours du XIXᵉ siècle, avec l'apparition des grands jardins publics urbains, la mode se porte vers de grands massifs unicolores. C'est le début de l'utilisation massive des tulipes à couleur* unique.

Depuis la dernière Guerre mondiale, la tulipe est devenue la fleur printanière bulbeuse la plus employée pour fleurir les rocailles*, les bacs*, les pots et les jardinières. Sa culture est simple, ne nécessitant que peu d'outils : la plantation* des bulbes a lieu à l'automne pour une floraison au printemps suivant. Le choix des cultivars devra tenir compte de la date plus ou moins précoce de la floraison, qui s'étend de fin février à mai, ainsi que de la hauteur des hampes florales. Après* la floraison, les tulipes botaniques sont souvent laissées en place pour leur naturalisation alors que les tulipes horticoles, après suppression du fruit en formation, sont arrachées. Une mise en jauge* s'avère alors nécessaire pour la maturation* ultérieure du bulbe et son utilisation pour la saison suivante.

II. Une plante à bulbe
A. Le bulbe

Toutes les tulipes sont des plantes à bulbes* ayant un même cycle* végétatif annuel. La tulipe ne peut donc pas être considérée comme une plante vivace*, même si elle réapparaît tous les ans au même emplacement. En effet, le bulbe qui a donné la fleur disparaît totalement après la floraison, mais produit préalablement un bulbe fils qui fleurira l'année suivante, et des bulbilles* qui devront grossir pendant 1 à 4 ans avant de pouvoir porter une fleur. Chez certaines espèces botaniques, les bulbilles se forment à l'extrémité de stolons*.

Le bulbe est un organe de réserve constitué par un assemblage de 2 à 6 feuilles modifiées. Ces feuilles charnues sont également appelées écailles. Chacune d'entre elles possède un bourgeon axillaire qui donnera le bulbe fils et les bulbilles. Une peau ou tunique, de constitution variée selon les espèces botaniques, entoure les écailles et les protège.

Après leur maturation* et avant la mise sur le marché, les bulbes subissent de nombreuses opérations de conditionnement pour la conservation*, dont le nettoyage et le calibrage*. Malgré les réserves accumulées dans le tissu des bulbes, la tulipe n'a jamais vraiment eu d'usages ali-

Bulbes prêts
à planter.

mentaires* si ce n'est en temps de pénurie, comme ce fut le cas aux Pays-Bas durant la dernière Guerre mondiale. Néanmoins, certaines espèces sont consommées par les populations locales comme en Iran ou en Crète.

B. D'un printemps à l'autre

Toutes les tulipes fleurissent dans la nature obligatoirement au printemps. Cela est dû à l'origine* géographique et climatique des diverses espèces botaniques, dans l'hémisphère nord, avec un climat montagnard à saisons marquées. Après un hiver froid, la croissance avec l'apparition des feuilles suivie de la floraison s'effectue au printemps pour s'arrêter dès l'approche de la saison estivale, chaude et sèche. En effet, afin de pouvoir effectuer son cycle* complet, le bulbe doit subir deux chocs climatiques. L'initiation florale (formation du bouton à fleur) s'effectue durant les mois de juin et juillet grâce à la chaleur. En revanche, il faut le froid de l'hiver pour lever la dormance*, c'est-à-dire donner la possibilité au bulbe d'émettre la hampe florale dès les beaux jours du printemps. Si ces éléments du cycle sont respectés ou pratiqués artificiellement, il devient alors possible, grâce au forçage* ou à la préparation* thermique, de faire fleurir la tulipe en toutes saisons. Si le bulbe a un poids insuffisant, il y aura absence* de floraison.

Si la multiplication* végétative par bulbes et bulbilles est la plus courante et la plus employée, la reproduction sexuée avec la production de graines et semis* se fait dans la nature et est utilisée par les obtenteurs* pour la création de nouveaux cultivars. En quelques années, des bulbes seront formés à partir de ces graines.

C. Formes et couleurs

Les formes* variées des fleurs des espèces botaniques de tulipe se retrouvent dans un certain nombre de tulipes horticoles. C'est ainsi que les tulipes Doubles hâtives comme les Doubles tardives ressemblent à des fleurs de pivoines, que les tulipes Frangées et Perroquet ont des tépales découpés, que les tulipes Fleurs de lis ont des tépales qui s'incurvent vers le haut pour se terminer en pointe effilée. Dans tous les cas, les tépales, c'est-à-dire les pétales et les sépales des tulipes, ont des couleurs brillantes et attractives qui peuvent être soit homogène, soit différentes entre la face interne et la face externe. Selon les espèces ou les cultivars, il peut exister un œil ou cœur au centre intérieur de la fleur, de couleur jaune ou noire.

Les tulipes botaniques ont des couleurs propres à l'espèce, même si celle-ci peut varier en fonction de facteurs de l'environnement* comme l'humidité du milieu. Par contre, dans la classification horticole, chaque classe possède de nombreux cultivars aux coloris variés. Les couleurs proposées sont le plus souvent unicolores, avec beaucoup de nuances à dominante jaune, orange, rose, blanc, rouge, violet. Des fleurs partiellement vertes se trouvent chez les tulipes Viridiflora. Les tulipes Rembrandt, quant à elles, présentent de nombreuses panachures bariolées sur un fond coloré. Les tulipes Kaufmanniana sont souvent bicolores avec des feuilles striées de brun. Les tulipes Greigii sont également bicolores mais la fleur s'ouvre en coupe.

Double page suivante : Tulipe Simple hâtive 'Flair'.

III. Histoire d'un succès
A. Le voyage d'une fleur

L'introduction* en Europe occidentale au cours du XVIᵉ siècle est attribuée à Augier Ghislain de Busbecq qui, en 1554, vit pour la première fois en Turquie un champ de tulipes en fleur dans la région d'Andrinople. Des bulbes ou des graines furent envoyés à la cour impériale d'Autriche à Vienne et quelques années après, il devint possible d'admirer quelques fleurs de tulipes dans le jardin de certains banquiers.

Les botanistes de l'époque, dont Charles de l'Écluse*, se sont intéressés à cette nouveauté, l'ont décrite, fait dessiner, graver et imprimer. D'Autriche, la tulipe s'est diffusée progressivement à travers l'Europe occidentale pour arriver en 1562 à Anvers, en 1578 en Grande-Bretagne, puis en France en 1608. Il est certain que la nomination en 1593 à Leyde, aux Pays-Bas, de Charles De l'Écluse a augmenté l'engouement pour cette nouvelle plante.

La plante apparaît dans les différents florilèges* et herbiers* qui se constituent et paraissent au début du XVIIᵉ siècle. Dans son *Herbier des quatre saisons*, Basilius Besler présente 49 planches de tulipes sur les 367 que contiennent l'ouvrage. De nombreuses tulipes figurent également dans la collection des vélins* de la famille d'Orléans, commencée vers 1630.

B. La tulipomania

Jamais une autre plante n'a connu et ne connaîtra vraisemblablement un engouement tel qu'elle puisse devenir un objet de pure spéculation, sans possession réelle du moindre bulbe par le vendeur. Si un phénomène un peu similaire peut être décelé dans l'empire ottoman* dans les années 1570 avec des prix de vente devenus prohibitifs, c'est aux Pays-Bas que cette spéculation se développe de 1630 à 1637. Les acheteurs sont prêts à dépenser des sommes

Abel Grimmer (1570-1618), *Le Printemps.* Lille, musée des Beaux-Arts.

astronomiques pour un bulbe qui donnera naissance à une fleur panachée* dont la couleur ne sera pas stable à cause de son origine virale. Les échanges devenant disproportionnés, le gouvernement des États de Hollande est dans l'obligation de mettre un terme à cette « folie » boursière, créant un krach et la ruine d'un bon nombre de propriétaires de bulbes. Cette mésaventure ne découragea pas les hollandais qui poursuivront le développement des cultures de tulipes sur leurs nouveaux polders et se rendront ainsi petit à petit maîtres du marché mondial.

Osias Beert,
*Nature morte
aux fleurs
et papillons,*
1600-1610.
H/b 59 × 99.
Coll. part.

C. Toujours présente

La tulipe a traversé les siècles en restant une plante recherchée par tous les amateurs de décoration et de jardins. Si, au cours du XVIIIe siècle, on lui a préféré la jacinthe, un autre bulbe printanier, la tulipe reprend sa suprématie dès le milieu du XIXe avec la découverte de nouvelles espèces botaniques en Asie occidentale et centrale. Les obtenteurs* demandent à la direction de certaines sociétés hollandaises, comme Van Tubergen, d'envoyer des prospecteurs à la recherche de ces espèces encore inconnues. À la même époque, le directeur du jardin botanique de Saint-Pétersbourg, von Regel, reçoit de très nombreuses espèces collectées par des médecins et des naturalistes dans la région de Tachkent. C'est ainsi que *Tulipa greigii, T. kaufmanniana, T. fosteriana, T. eichleri* sont introduites dans les jardins quelques décennies plus tard. Au cours du XXe siècle

sont créées les tulipes Fleurs de lis, les tulipes Hybrides de Darwin... Il est certain que la diversité des formes et des couleurs des tulipes horticoles et des tulipes botaniques actuellement connues est sans commune mesure avec celle qu'ont pu connaître les premiers amateurs de la fin du XVIe siècle.

Double page suivante :
Tulipe
Triomphe
'Leen
Van den Mark'.

IV. Au-delà de la fleur
A. Réalité, légende, symbole

Face à une telle présence, il est presque normal que ce soit développé autour de la tulipe un mélange d'affabulation et de réalité. La naissance de la fleur est déjà l'objet de légendes*. Quelle soit d'origine ancienne perse, ou de création plus récente à la manière de la mythologie grecque, la tulipe naît d'un amour impossible entraînant la mort d'un des amants qui prend la forme de cette fleur printanière mais éphémère. Même si la tulipe devient l'emblème de l'empire ottoman* au XIVe siècle, c'est la splendeur des fêtes du début du XVIIIe siècle en bordure du Bosphore qui frappera durablement les esprits et qui sera rapportée par différents ambassadeurs des cours d'Europe, dont le père d'Ardène en 1726. Plus de 1300 cultivars sont répertoriés et les jardins accueillent au milieu des bougies, des lampes de cristal et des miroirs plus d'un demi-million de bulbes de tulipes. La fête bat son plein aussi longtemps qu'il y a des fleurs. Ces manifestations durèrent quelques décennies puis la tulipe perdit son rôle primordial.

Depuis 1993, la fleur est redevenue emblématique, mais en République islamique d'Iran.

B. Représentation

Les turcs furent sans doute les premiers à représenter la tulipe sous forme de motifs* ornementaux stylisés, que ce soit sur les céramiques ornant les mosquées ou sur les tapis. Mais à partir du XVIIe siècle, en Europe occidentale, de nombreux objets usuels – tapisseries, faïences, linge de table, etc. – sont à leur tour décorés de tulipes ou de fleurs de tulipe plus ou moins stylisées. Les créateurs de l'Art nouveau, à la fin du XIXe siècle, se serviront également de la tulipe pour créer un certain nombre d'objets de décoration, en verre ou en barbotine.

En revanche, c'est dans la peinture et plus particulièrement dans les bouquets de l'école flamande des XVIIe et XVIIIe siècles que l'on trouve les représentations* naturalistes de tulipes en vogue à cette époque. Quelques

Décoration d'une maison de Dubaï. États des Émirats arabes unis.

peintres contemporains ont également pris cette fleur pour modèle. La philatélie* n'échappera pas à la diffusion de diverses tulipes, qui illustreront près de 100 timbres. Selon les cas, elles peuvent être stylisées et symboliser un événement horticole ou politique, elles peuvent être botaniques et figurer une espèce locale du pays émetteur. Certains pays émettront des timbres avec des cultivars divers.

La France n'a jamais choisi la tulipe pour l'un de ses timbres.

C. La diffusion d'un mot

Il existe peu de plantes dont le nom français ait été aussi approprié pour passer de la plante entière à la fleur, puis à ce qui a la forme de cette fleur, à savoir l'objet. Dans le domaine de la botanique, un certain nombre de végétaux sont nommés tulipe ou tulipier, à cause de

Tulipe 'Sprengen'.

la ressemblance plus ou moins grande de leur fleur avec celle du genre *Tulipa*. Tulipe est également le surnom de soldats plein d'entrain sous l'ancien régime.

Si, en littérature*, la fleur incite La Bruyère à écrire quelques lignes sur le passionné de tulipes, elle servira surtout à partir du XIXe siècle d'élément d'intrigue et d'action dans quelques pièces de théâtre et des romans dont la *Tulipe noire** de Dumas. Des poètes comme Baudelaire et Verlaine l'associeront à leur vision du monde.

Tulipa biflora.

Yves-Marie ALLAIN

ABÉCÉDAIRE

■ Absence de floraison

La croissance d'une tulipe sans qu'elle se mette à fleur arrive parfois. Les causes en sont diverses : elles peuvent être liées au cycle* végétatif, à l'état de bulbilles* et non de bulbes* des organes de réserve, à des maladies* ou parasites, à un mauvais stockage qui dessèche le bouton floral.

Le non respect des alternances de froid puis de chaleur dans le cycle complet des bulbes amène obligatoirement des déboires. Si la plante n'a pas subi le froid, la levée* de dormance n'a pas lieu et la hampe florale ne pourra pas se développer et donner une fleur, à moins que le bulbe n'ait subi une préparation* thermique. De même, si les nouveaux bulbes sont arrachés prématurément après* la floraison, c'est-à-dire avant le dessèchement total des feuilles, et si l'on omet de les mettre en jauge*, on empêche alors leur maturation* et la formation du bouton à fleur est incomplète : il n'y aura pas de fleur au printemps suivant. YMA

■ Alimentaire

Malgré les réserves accumulées dans le tissu des bulbes*, la tulipe n'a eu d'usage alimentaire que dans quelques cas particuliers.

Les croisés auraient consommé des bulbes de tulipes et, à leur retour de Palestine, auraient introduit cette plante dans la flore* spontanée de l'Europe occidentale. En Iran, certaines espèces indigènes comme *Tulipa clusiana* et *T. montana*, fréquentes dans les montagnes, sont consommées par les populations locales ; elles sont aussi broutées par les chèvres.

En Crète, les bulbes de l'espèce locale *T. saxatilis* sont marinés et utilisés comme des cornichons.

Dans des périodes de pénurie, les bulbes ont aussi été utilisés comme aliment. En représailles à une grève des cheminots durant l'hiver 1944-1945, les Allemands coupèrent les vivres aux Néerlandais. Ces derniers consommèrent alors les bulbes de tulipe grillés, bouillis, réduits en purée ou en soupe. Plus récemment, en Yougoslavie, la tulipe aurait remplacé l'oignon dans la confection de certains plats. Le goût est celui d'une châtaigne amère mais laisse une impression de moisi dans la bouche. Il semble que l'homme puisse supporter la consommation d'environ 5 bulbes par jour sans désagréments.

La valeur médicinale des bulbes, en revanche, n'est pas établie même si au XVIIIe siècle, ils étaient prescrits après cuisson pour lutter contre les flegmons et diminuer la douleur. Dans les ouvrages du XIXe siècle, si le lis, le narcisse, le crocus sont souvent cités et employés en pharmacopée, la tulipe est presque toujours absente. YMA

Jacques Gautier d'Agoty, *La Tulipe*. Planche extraite des *Collections des plantes usuelles, curieuses et étrangères*, Paris, 1767. Paris, bibliothèque centrale du Muséum national d'histoire naturelle.

« *Que de couleurs et que de formes, d'espèces, de tendres unions !*
Si la tulipe aime la norme : pantoufles, foyers, tradition,
C'est qu'au pied elle a des oignons. »

R. Hesse, *Tulipes in Fleurs de France*, 1946.

■ APRÈS FLORAISON

Après la floraison, lorsque les pétales sont tombés du fait de leur sénescence (phénomène indépendant de la fécondation* de la fleur), couper le haut des hampes florales afin d'éviter la formation de graines, consommatrice d'énergie au détriment du bulbe*. En revanche, prendre soin de conserver toutes les feuilles, car c'est grâce à la photosynthèse dont elles sont l'organe principal que se reconstituent les réserves du bulbe. Si une longue période sèche survient au printemps, il est même conseillé d'arroser* après la floraison pour que l'activité des feuilles ne soit pas bloquée ni même freinée. Lorsque des bulbes se trouvent plantés au milieu d'une pelouse, il faut, pour les mêmes raisons, éviter de tondre tant que le feuillage ne s'est pas naturellement desséché.

Un à deux mois après la floraison, ce dépérissement survient. Il indique que les bulbes ont reconstitué leurs réserves et que la période de maturation* commence. Ils sont alors arrachés (sauf ceux des espèces botaniques *Tulipa clusiana* et *T. linifolia*, qu'il vaut mieux laisser en place). Les tiges sont ensuite coupées, les bulbes nettoyés (on éliminera la terre sans les laver) ; on les laissera se ressuyer (c'est-à-dire sécher légèrement) à l'air libre. Leur conservation* se fera dans un local sain et aéré jusqu'à la nouvelle plantation*.

On peut être obligé, pour mettre en place des plantes annuelles à floraison estivale telles que pétunias, géraniums ou œillets d'Inde, de retirer les bulbes avant dessèchement naturel du feuillage, quand le cycle* végétatif n'est pas totalement accompli. Il convient dans ce cas de sortir la tulipe avec précaution, en ne mutilant ni les racines, ni le nouveau bulbe, ni le feuillage. Soulever le tout doucement, sans tirer sur les tiges ou les feuilles, et placer provisoirement la plante entière en jauge, c'est-à-dire dans une petite tranchée creusée à la bêche, avec le feuillage hors de terre, et à mi-ombre. Glisser de la terre fine entre les bulbes avant de les recouvrir entièrement de terre. Durant les semaines qui suivent, on surveillera l'arrosage et les attaques éventuelles de limaces. La mise en jauge dure jusqu'à complète maturité, après quoi les bulbes peuvent être retirés et placés en conservation. CG

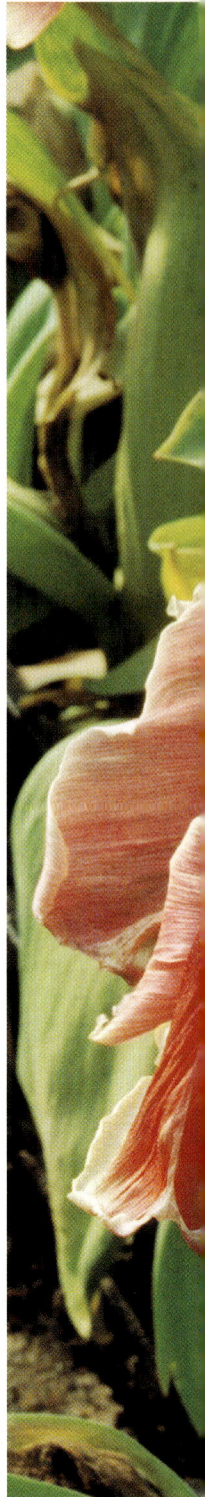

■ Arrosage

Voir Nourriture

■ Bac

Les tulipes sont particulièrement bien adaptées au fleurissement de bacs, pots ou jardinières, car leur développement nécessite un espace relativement réduit.

Il faut choisir des variétés à floraison assez basse (jusqu'à 30 cm), telles que les tulipes botaniques, les tulipes Simples

Simple hâtive 'Brillant Star'.

les floraisons les plus spectaculaires. Les dates de plantation sont identiques à celles pratiquées en pleine terre, sauf en cas de forçage*. Les bacs seront placés en pleine lumière, si possible à l'abri de vents trop forts qui pourraient casser les tiges.

Les tulipes peuvent être associées avec succès à d'autres espèces à bulbes. L'effet décoratif sera d'autant plus réussi que les bulbes auront été disposés près les uns des autres (2 à 4 cm de distance), en une sorte de couche continue. Lors de la plantation*, les bulbes les plus tardifs seront placés en profondeur – ceux de narcisses à environ 15 cm, ceux de tulipes Simples hâtives à environ 10 cm – et les plus précoces en surface – ceux des perce-neige, muscaris, tulipes botaniques à 4 à 5 cm de profondeur.

On peut mêler aux tulipes jacinthes, narcisses précoces, chionodoxa, crocus, scilles, muscaris etc., en prenant

ou Doubles hâtives (voir p. 114), ou les tulipes pluriflores *T. praestans* 'Fusilier', afin d'établir un bon équilibre entre le pot et la partie aérienne de la plante. Les bulbes de gros calibre* (14+) seront préférés car ils donnent

des variétés dont les coloris forment une composition* harmonieuse.

Enfin, ne jamais oublier que le terreau des bacs se dessèche rapidement : l'arrosage* doit être régulier. CG

Antoine Borel (1743?-apr. 1810), *Le jardinier montrant des tulipes.* Encre, lavis gris et aquarelle. Paris, Louvre.

Les bulbes sont les organes de conservation de la tulipe : éléments souterrains, remplis de réserves nutritives, ils permettent à la plante de reconstituer ses parties aériennes d'année en année. Ils se différencient des racines par le fait qu'ils n'assurent par des fonctions d'ancrage mais de stockage de réserves glucidiques. C'est pourquoi les plantes à bulbes peuvent se maintenir dans des conditions difficiles (hiver rigoureux ou sécheresse), contrairement aux plantes annuelles ou bisannuelles.

Les bulbes sont composés de l'ensemble des organes d'une plante entière. Ils sont constitués d'un assemblage de 2 à 6 feuilles modifiées, charnues et concentriques, appelées écailles (lieu de stockage des réserves) ; elles entourent un bourgeon végétatif principal ou apical, duquel naîtront la tige, les feuilles et la hampe florale, fixé au plateau basal, et plusieurs bourgeons axillaires (latéraux), situés à la base des écailles internes, qui donneront des bulbilles*, assurant la multiplication* de la tulipe. Les écailles sont recouvertes par une tunique externe fine et sèche appelée communément « peau », qui joue un rôle de protection. Selon les espèces, elle est glabre, ciliée, tomenteuse (recouverte de duvet). Quand les bulbes sont placés dans des conditions de culture favorables, les racines se développent au pourtour du plateau basal.

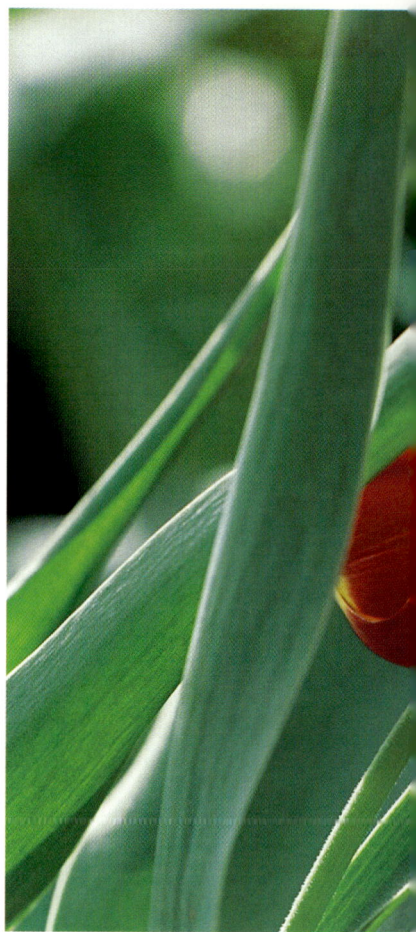

Selon le cycle* végétatif de la tulipe, de la fin de l'été à l'automne, les bulbes connaissent une période de repos. C'est alors qu'il sont commercialisés après avoir

Tulipa schrenkii.

été calibrés*. Cependant, organes vivants, leur conservation* et leur manipulation se fera avec précaution. Le marché des bulbes tient une place importante dans le commerce horticole mondial. Production et commercialisation des bulbes et fleurs* coupées sont dominées par les Pays-Bas*. En France, la production de bulbes de tulipe constitue un complément à l'offre néerlandaise grâce à la précocité des cultures. Le marché des bulbes destinés au jardinage amateur est d'environ 350 millions de francs, dont près de la moitié sont consacrés à l'achat de bulbes de tulipes, loin devant les crocus (14 %) ou les jacinthes (13 %). CG

■ Bulbille

Les bulbilles sont des bourgeons qui naissent à l'aisselle des écailles du bulbe père, et grossissent petit à petit sur une ou plusieurs saisons. (Le terme caïeux est souvent employé à tort : à la différence des bulbilles, ils sont issus de la fragmentation d'un bulbe* initial en plusieurs bulbes nouveaux.)
Pour la tulipe, il est préférable de parler de bulbilles. Selon les espèces, leur nombre oscille entre deux et six. Grâce à elles, la quantité d'individus d'une espèce ou d'un cultivar* peut augmenter de un à cinq, avec un taux moyen de multiplication* de deux à trois pour les cultivars du commerce.
Dans le cycle* végétatif, après* la floraison, le bourgeon axillaire principal forme le nouveau bulbe en stockant la majorité des réserves issues de la photosynthèse. En même temps, un ou plusieurs bourgeons axillaires secondaires donnent des bulbilles de poids variables qui vont s'isoler du bulbe principal pour former des pieds indépendants.
Chez certaines espèces, comme *Tulipa clusiana, T. tarda*, les bulbilles sont produites non pas directement sur le bulbe père, mais à l'extrémité d'un stolon ou tige souterraine pouvant atteindre plusieurs dizaines de centimètres de long. Cependant, elles n'émetteront que des feuilles l'année suivante car il leur faudra d'un à quatre ans avant d'acquérir les réserves suffisantes pour fleurir. Chez les producteurs, ces bulbilles sont récoltées tous les ans, triées, nettoyées, calibrées*. Elles sont remises en culture

Formation d'une bulbille à l'extrémité d'un stolon.

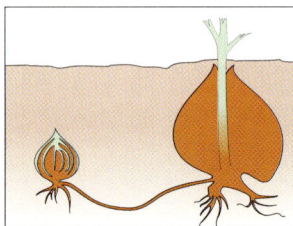

jusqu'à l'obtention de la taille propice pour la vente d'un bulbe florifère. YMA

■ Caïeux. Voir Bulbille

■ Calibre

Le calibrage est une opération indispensable avant toute commercialisation. Elle consiste en un tri des bulbes en fonction de leur circonférence.
Un pré-calibrage a lieu aussitôt après le lavage qui suit la récolte, afin de séparer partiellement les gros bulbes (destinés à la production de fleurs) des bulbes de semences (qui nécessitent une année supplémentaire avant d'être florifères). Un second calibrage est effectué après nettoyage et épluchage, généralement par des cribleuses mécaniques, sortes de grilles vibrantes perforées de trous aux dimensions déterminées.
Le calibre d'un bulbe de tulipe exprime sa circonférence en centimètres : un bulbe de calibre 11/12 présentera une circonférence comprise entre 11 et 12 cm. Le bulbe étant un organe de réserve, plus il est gros et son calibre élevé, plus la plante en étant issue sera vigoureuse et la fleur de taille. Les calibres 10/11 proposés dans le commerce correspondent à de petits bulbes, faisant souvent l'objet d'offres promotionnelles. Les calibres 11/12 et 12+ dénotent des bulbes de qualité, pour le jardin. Le calibre 14+ est réservé à des bulbes destinés au forçage* à l'intérieur, en bac* ou pot. La mention du calibre est obligatoire sur les emballages de commercialisation, ainsi que sur tout document à usage commercial. CG

Classification botanique

Le genre *Tulipa* appartient à la famille des Liliacées, rattachée à l'ordre des Liliales dont la classe est celle des Monocotylédones.

La classification des espèces du genre *Tulipa* était très peu précise et sujette à caution jusqu'aux travaux du botaniste britannique Alfred Daniel Hall (1864-1942), qui publia en 1940 la première véritable monographie du genre. Il procéda à l'examen cytologique des plantes vivantes et, pour la première fois, à un examen chromosomique systématique : son étude permit de ramener le nombre des espèces de 300 à 72. À l'heure actuelle, compte tenu des nouvelles prospections, ce chiffre est de 125 environ. Il est fort probable que de nouvelles espèces seront découvertes dans les années à venir, surtout dans les montagnes asiatiques peu explorées botaniquement. Sur les bases du travail de Hall, le genre fut divisé en trois sections : *Leiostemones*, *Eriostemones* et *Orithyia*. Toutefois, certains botanistes pensent que les plantes de cette dernière section ne seraient pas du genre *Tulipa* mais *Amana*.

Leiostemones : les filets des étamines sont à section circulaire, les étamines sont aplaties et glabres. Le bouton floral, arrondi à la base, a des tépales non ciliés (voir Description botanique). La base du périanthe (ensemble des sépales [calice] et des pétales [corolle]) est non rétrécie. Quatre groupes sont distingués : 'Clusianae' (*T. clusiana, T. linifolia.*), 'Gesnerianae' (*T. gesneriana*), 'Oculus-solis' (*T. agenensis, T. eichleri*), 'Kolpakowskianae'. Les tulipes de jardin appartiennent toutes au groupe des 'Gesnerianae', dont l'origine n'est pas encore bien connue (voir Classification horticole).

Eriostemones : les filets des étamines sont à section ovale, les étamines sont renflées et poilues. Le bouton floral rétréci à la base a des tépales le plus souvent ciliés. La base du périanthe est rétrécie. Trois groupes sont distingués : 'Australes' (*T. sylvestris*), 'Saxatiles' (*T. pulchella, T. saxatalis*), 'Biflores' (*T. patens*). YMA

Tulipa clusiana 'Cynthia'.

Tulipa linifolia.

Double page suivante :
Tulipe Perroquet 'Flaming Parrot'.

■ CLASSIFICATION HORTICOLE
Une mise en ordre

Suite aux règles de la nomenclature* horticole, la classification horticole, qui s'applique à toutes les tulipes mises en culture, est divisée en 15 classes dans un registre international, le *Classified List and International Register of Tulips Names*, tenu aux Pays-Bas par l'Association royale pour la bulbiculture (KAVB).

La dernière classification date de 1987 et a apporté quelques modifications pour tenir compte à la fois des nouvelles connaissances et de l'évolution du marché de la tulipe : sur les 2 300 noms de cultivars enregistrés, 600 environ ne sont plus commercialisés. Parmi les changements notables, on relève la réunion dans une même classe Simples tardives des deux classes antérieures, Darwin et Cottage.

La liste de 1958 avait créé la classe des Fleurs de lis à partir des Cottages, puis celle de 1981 avait vu la naissance de deux nouvelles classes : les Frangées (ou Laciniées) et les Viridiflora.

Les 15 classes sont réunies en 2 grands groupes : les tulipes de jardin, avec 11 classes, et les tulipes botaniques avec 4 (voir p. 117). En l'absence de connaissances certaines, les tulipes de jardins sont considérées comme appartenant à l'espèce botanique *Tulipa gesneriana* (voir Classification botanique). Les tulipes botaniques, pour leur part, sont les tulipes « sauvages » et leurs hybrides, dans lesquels le type « sauvage » est dominant et donc facilement reconnaissable. YMA

▪ Composition florale

La très grande diversité des tulipes permet de les utiliser pratiquement partout dans nos jardins*. En combinant les espèces et leurs différentes précocités, il est possible d'avoir des tulipes fleuries de début mars à mi-mai. Elles peuvent être utilisées pour les massifs, les bordures et les rocailles*.

Pour les massifs, il est préférable d'éviter la plantation en lignes droites, pour constituer des taches de couleur d'une même variété*, rassemblées en petits groupes de forme irrégulière. Les tulipes botaniques, les plus basses, seront utilisées seules ou en premier plan. Les tulipes à haute tige telles que les Hybrides de Darwin, les Simples et Doubles hâtives, les Fleurs de lis seront placées en second plan, associées à d'autres bulbeuses de printemps (narcisses) ou à des plantes bisannuelles (pâquerettes, myosotis, pensées). Il est alors toujours plus harmonieux de décliner un même thème de couleur (par exemple tulipes et myosotis roses) ou d'apporter une touche de blanc (par exemple tulipe 'Queen of Night', violette noire, et pâquerettes blanches). Pour les bordures, les tulipes peuvent être plantées entre des plantes vivaces formant un tapis végétal car leurs racines sont plus profondes. On observera les mêmes règles que pour les massifs : types les plus courts devant. La combinaison de précocités différentes – crocus botaniques bas avec des tulipes tardives, des perce-neige avec des tulipes hâtives – permet d'apprécier un jardin fleuri plus longtemps. CG

À gauche :
Tulipe Double hâtive 'Murillo' en mélange.

Tulipe Simple tardive 'Princess Margaret Rose'.

Un à deux mois après* la floraison, les bulbes* sont déterrés, car laissés en place dans un sol pas assez drainant, ils risquent de pourrir. Ils doivent être nettoyés (en les frottant pour éliminer la terre) et les tiges coupées à 5-8 cm du bulbe, avant de se ressuyer 2-3 jours à l'air libre. Ils sont ensuite saupoudrés d'un traitement antifongique et anticryptogamique pour éviter la propagation de maladies*, puis stockés dans des caissettes aérées placées dans un local sain, frais et ventilé. Ils y resteront jusqu'à l'automne, période à laquelle on procède de nouveau à la plantation*.

Si les bulbes sont achetés assez tôt en saison, par exemple début septembre, alors que la température extérieure est encore élevée, et que l'on n'a pas le temps de les planter aussitôt, ils seront stockés dans un local très aéré, car ils dégagent de l'éthylène qui favorise le développement des pourritures, et disposés en couche mince en évitant tout risque de confinement. On aura pris soin d'ôter leur emballage dès le retour du magasin. Les bulbes doivent être

Tulipe Double hâtive 'Monsella'.

■ CONSERVATION

manipulés avec précaution, car s'ils reçoivent un choc, ils développeront une zone nécrosée qui pourra à la longue être la porte d'entrée pour un champignon.

Pour les professionnels, la conservation est une des phases les plus délicates de la production. Cette période est en effet celle de la maturation* finale des bulbes, et les conditions de stockage déterminent notamment l'aptitude à la floraison et la précocité. Une préparation* thermique appliquée durant cette phase permet de contrôler les résultats obtenus, notamment pour la production de fleurs* coupées.

De manière générale, trois facteurs de l'environnement* doivent être contrôlés en fonction de la destination finale des bulbes : la température maximale sera de 21°C ; une atmosphère assez sèche favorisera une évolution progressive des tuniques et évitera l'apparition de parasites ; enfin, la ventilation permettra d'évacuer l'eau de séchage, d'éliminer l'éthylène et d'homogénéiser la température et l'humidité. CG

Champs
de tulipes
aux Pays-Bas.

■ Couleur

Au nombre des pigments de la tulipe, on compte les chlorophylles qui, associées aux caroténoïdes pour la photosynthèse, servent à alimenter bulbe* et bulbilles*, et les flavonoïdes (jaunes), dissous dans le suc cellulaire des tépales, qui donnent aux pétales et sépales leurs coloris brillants et attractifs.

Les tulipes botaniques ont des couleurs différentes selon leur origine* géographique (voir p. 117). On trouve ainsi des fleurs roses ou violettes, blanches ou jaunes, ou encore rouges. La couleur des tépales peut être différente entre les faces externe et interne. Un œil ou cœur existe chez certaines espèces et cultivars* au centre de la fleur. Il est parfois jaune, parfois noir cerné ou non de blanc ou de jaune. Mais pour une même espèce, des nuances peuvent apparaître en fonction notamment du degré d'acidité du sol ou de la teneur en eau des tissus. La couleur ne peut donc pas être retenue comme facteur absolu de différenciation entre espèces botaniques. La diversité des couleurs culmine dans les multiples hybrides et cultivars* obtenus au cours des siècles, sans parler des tulipes panachées*, classées par La Quintinye*.

Depuis quelques années, trois couleurs dominent dans des proportions équivalentes, tant pour le jardin* que pour les fleurs* coupées : le rose, le rouge et le jaune. Viennent ensuite le bicolore et le mauve et, loin derrière, le blanc qui a tendance à reculer. Notons que deux couleurs n'existent pas chez la tulipe : le bleu et le noir*. YMA

■ **Création.** Voir Hybridation

■ **Cultivar**

Le cultivar (de l'anglais *cultiva-red variety*) est le résultat d'une hybridation* par l'homme (à la différence de la variété qui est un hybride naturel).

Au moment de sa mise au commerce, le nouveau cultivar, retenu pour ses qualités (couleur, durée de floraison, résistance aux intempéries...), se voit attribuer un nom* par l'obtenteur* ou le sélectionneur. Le baptême fait souvent l'objet d'une cérémonie. Le nom peut évoquer un personnage célèbre, une personnalité, un événement ou une caractéristique remarquable de l'obtention. Afin d'éviter toute ambiguïté future, il est déposé auprès de l'Association néerlandaise royale pour la bulbiculture et doit suivre les règles de la nomenclature* horticole. YMA

Tulipe Simple hâtive
'Rosy Wings'.

À gauche :
Tulipe Fleur de lis 'Aladin'.

Tulipe Darwin
hybride 'Big Chief'.

Double page suivante :
Tulipe Fleur de lis 'Ballade'.

■ CYCLE VÉGÉTATIF
Du réveil de l'hiver au sommeil de l'été

Le cycle végétatif de la tulipe et surtout de son bulbe s'explique par le climat des régions d'origine* des diverses espèces. Essentiellement asiatique, elle croît dans des zones plutôt montagnardes à saisons marquées.

Succédant à un hiver froid, voire rigoureux, la période de végétation (croissance, floraison et multiplication* par bulbe* ou graine) est courte, les feuilles jaunissent dès le mois de juin pour disparaître définitivement avant une période de repos durant la saison sèche et chaude. À l'automne, au moment des premières pluies, le bulbe commence à émettre des racines. Il abrite les feuilles et la fleur qui y ont été formées durant la période de repos. Le froid de l'hiver lèvera la dormance, c'est-à-dire donnera la possibilité au bouton à fleur de se développer dès les premiers réchauffements du printemps pour donner la tige florifère.

Sous terre, au moment de la floraison, le bulbe initial s'est entièrement vidé et a été remplacé, grâce aux bourgeons axillaires, par des bulbilles* et par un nouveau bulbe qui a grossi et mûri jusqu'au dessèchement du feuillage. Pour ce dernier uniquement, la chaleur et la sécheresse vont permettre l'initiation florale, c'est-à-dire la formation des ébauches florales et la constitution du bouton à fleur de la saison suivante ; puis le bulbe entre en repos dans l'attente de conditions climatiques favorables. Si sur un même lieu il y a permanence de tulipes et donc pérennité apparente, comme chez les plantes vivaces*, le cycle du bulbe est en fait annuel.

Toutes les espèces de tulipe sont, à l'état spontané, à floraison exclusivement printanière*. Mais grâce à la préparation* thermique des bulbes, il est néanmoins possible d'obtenir des floraisons à d'autres saisons. YMA

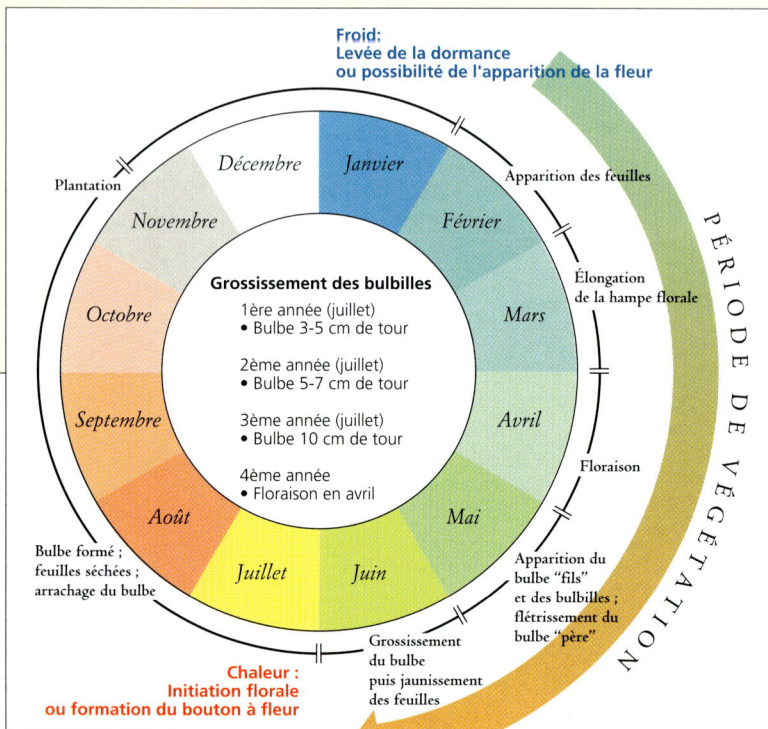

Froid ;
Levée de la dormance
ou possibilité de l'apparition de la fleur

Apparition des feuilles

Élongation
de la hampe florale

Floraison

Apparition du
bulbe "fils"
et des bulbilles ;
flétrissement du
bulbe "père"

Grossissement
du bulbe
puis jaunissement
des feuilles

Chaleur :
Initiation florale
ou formation du bouton à fleur

Bulbe formé ;
feuilles séchées ;
arrachage du bulbe

Plantation

PÉRIODE DE VÉGÉTATION

Décembre
Janvier
Février
Mars
Avril
Mai
Juin
Juillet
Août
Septembre
Octobre
Novembre

Grossissement des bulbilles

1ère année (juillet)
• Bulbe 3-5 cm de tour

2ème année (juillet)
• Bulbe 5-7 cm de tour

3ème année (juillet)
• Bulbe 10 cm de tour

4ème année
• Floraison en avril

■ Description botanique

Le genre *Tulipa* comprend envi-ron 125 espèces (voir Classifica-tion botanique) qui sont toutes herbacées et bulbeuses.

La tunique des bulbes*, de cou-leur brune, est variable en épais-seur, fine à coriace. Les racines, qui se développent à partir du plateau basal du bulbe, sont peu nombreuses, simples, glabres ou pubescentes. Certaines espèces sont à stolon*. Les feuilles alternes, lancéolées à ovales, sont en nombre réduit et enserrent la tige florale lorsqu'elle existe. Les fleurs, souvent solitaires, peu-vent être jusqu'à 12 sur la même hampe chez certaines espèces. Quel que soit leur nombre, elles sont toujours érigées en forme* de cloche ou d'entonnoir. Les différentes pièces florales, riche-ment colorées, sont disposées sur deux niveaux ou verticilles, avec, de l'extérieur vers l'inté-rieur, 3 sépales et 3 pétales qui se recouvrent partiellement. Comme ils ont même couleur et aspect, on parle de tépales. Les étamines sont au nombre de 6 alors que l'ovaire, dépourvu de style et terminé par 3 stig-mates distincts, épais et recour-bés, ne renferme que trois loges. Le fruit obtenu après féconda-tion* est une capsule sphérique ou ellipsoïdale contenant 200 à 300 graines triangulaires et aplaties.

La majorité des espèces est diploïde : le noyau possède 2 jeux de chromosomes (un de chaque parent) ; le nombre chro-mosomique est 2n = 24. Toute-fois, certaines variétés euro-péennes sont tétraploïdes (2n = 48) à l'état naturel. Des tri-ploïdes (2n = 36) existent égale-ment, tant chez des espèces que chez des cultivars*. La *Tulipa clusiana* décrite par Charles de

l'Écluse* est pentaploïde (2n = 60). Ces dernières configu-rations peuvent poser problème en matière d'hybridation*.

Dans le cas des cultivars à fleurs doubles, les tépales supplémen-taires, en nombre variable, dont la disposition est plus ou moins régulière, sont formés à partir des étamines. Dans ce cas, le développement des pièces reproductrices est anormal, ce qui peut rendre la fleur stérile. C'est le cas de la majorité des Tulipes Doubles tardives ou Fleur de pivoine. YMA

Pièces reproductrices : six étamines et ovaire terminé par trois stigmates.

■ Déterrage des bulbes

Voir Après floraison

■ ÉCLUSE (CHARLES DE L')
À l'origine d'une passion

Le nom de Charles de l'Écluse, ou Carolus Clusius, est indissociable de celui de la tulipe et ce pour deux raisons essentielles : l'une pratique – c'est lui qui en reçut les premières graines –, l'autre théorique – il est l'auteur de la première description botanique de la tulipe. En 1580, il décrit la première tulipe double et, en 1601, dans son *Rariorum plantarum historia*, il donne les caractéristiques de deux sortes de tulipes, 'Café lalé' et 'Cavala lalé', *lalé* étant le nom* turc de la plante.

Né à Arras en 1526, il décède aux Pays-Bas, à Leyde, à l'âge de 83 ans. Après des études de médecine, un parcours dans les villes universitaires d'Europe occidentale, un séjour à Anvers au milieu de botanistes comme de graveurs, dessinateurs, imprimeurs, il se retrouve en 1573 en Autriche, jardinier impérial à la cour de Vienne. C'est là qu'il observe les modifications des fleurs de tulipes issues de graines.

De retour aux Pays-Bas, il prend le 19 octobre 1593 les fonctions de *Horti Præfectus* de l'université de Leyde (il a la charge du jardin botanique). Il apporte avec lui sa collection de bulbes qu'il plante dans son jardin personnel. Les Hollandais sont très vite conquis et souhaitent obtenir des exemplaires de cette fleur exotique. Mais, parce qu'elle est rare et difficile à multiplier, le botaniste en demande un prix prohibitif. Certains, se hasardant une nuit dans son jardin, lui volent quelques-uns de ces précieux bulbes. Ce sera le départ de la diffusion de la tulipe à travers les Pays-Bas* et l'Europe*. YMA

■ Espèces botaniques

Voir p. 117

■ Europe

Après la tulipomania*, et malgré une mauvaise connaissance du cycle* végétatif, les Pays-Bas* développèrent sur les nouveaux polders une culture à caractère industriel de bulbes* de tulipes. Leur savoir-faire et leur puissance commerciale permirent leur exportation dans toute l'Europe.

Mais, afin de répondre à la demande, des cultures s'établirent rapidement en France et en Angleterre. Au cours du XVIIIe siècle, l'intérêt pour la tulipe déclina en faveur de la jacinthe – autre plante à bulbe –, ce qui n'empêcha ni Madame de Pompadour de dépenser des sommes importantes pour parer ses décolletés de tulipes, ni les grands propriétaires de les présenter dans leur jardin* fleuriste.

Pour des raisons de goût, les Hollandais se spécialisèrent dans des fleurs de forme carrée à panachures* blanches et à tige courte tandis qu'à la même époque, les Français sélectionnèrent les formes rondes à panachures jaunes et à tige longue.

Les deux pays préservèrent ainsi des patrimoines génétiques forts différents qui seront utilisés à la fin du XIXe siècle pour mettre au point de nouveaux hybrides.

En effet, au cours du XIXe, la tulipe retrouve une place de choix dans les jardins. Les paysagistes recherchent des plantes à couleur unie et luisante pour créer des massifs colorés dans les nouveaux parcs et jardins des métropoles européennes. Sa production à grande échelle voit donc le jour vers 1830, dans la région de Haarlem : la principale innovation de l'époque moderne est la mise sur le marché des Tulipes Darwin, présentées pour la première fois à Paris en 1889.

Par des croisements successifs avec des programmes d'hybridation* et de sélection*, par l'introduction de nouvelles espèces en provenance d'Asie, une véritable explosion de formes* et de couleurs* apparaît. En dépit de cet immense travail de recherche, de multiplication* et de diffusion, il faudra attendre la fin de la Seconde Guerre mondiale pour que la tulipe soit financièrement accessible à tous et plantée dans les jardins d'amateurs. YMA

Daniel Rabel (1578-1637), *Tulipes.* Gouache sur vélin. Paris, Bibliothèque nationale de France.

■ Environnement

Plusieurs facteurs de l'environnement influent sur la croissance et le développement de la tulipe. Parmi eux, la température est l'un des plus déterminants. Les bulbes peuvent ainsi être soumis à une préparation* thermique si l'on veut influer sur le développement de la plante. Des températures élevées (23 à 25°C) augmentent le nombre de bulbes fils. Après différenciation des bourgeons et des racines dans le bulbe, la conservation à basse température (17-20°C), favorable au ralentissement du développement du bulbe, est obligatoire pour obtenir une croissance rapide de la plante. Mais prolongée plus de 6 mois, elle risque de détruire la fleur. Après plantation, la température détermine la vitesse de croissance des racines et des tiges, d'autant plus grande que la température est élevée (jusqu'à 17°C).

Le taux d'humidité devra également être contrôlé pendant la conservation*, pour éviter une déshydratation excessive des bulbes et le développement de maladies*. Après plantation, il devra être suffisant dans le sol pour permettre l'enracinement et le bon déroulement du cycle* végétatif.

La lumière reste un facteur beaucoup plus secondaire puisqu'un bulbe de tulipe peut se développer, fleurir et produire des bulbes fils même en obscurité totale (bien entendu, ces plantes seront de piètre qualité). Dans un emplacement très ombragé, une tulipe pourra donc fleurir normalement, mais elle ne produira pas de gros bulbes.

Enfin, l'éthylène est le composé atmosphérique qui a le plus d'effets sur le cycle de la tulipe : produit en grandes quantités par des bulbes infectés de Fusarium, il provoque un enracinement et une croissance retardés et un développement anormal des fleurs. CG

■ EXIGENCES

Les exigences de la tulipe en font une plante très facile à cultiver dans nos régions tempérées. En matière de climat, la région optimale doit présenter des températures suffisamment basses pendant l'hiver (de l'ordre de 0 à -5°C minimum) et une température moyenne de 12 à 15°C au printemps. Pratiquement toutes les régions d'Europe du Nord répondent à ces critères, notamment l'ouest des Pays-Bas*, du Danemark, de l'Allemagne, la Belgique, le Luxembourg, le nord et l'ouest de la France. Les régions plus méridionales, telles que l'Aquitaine et la Provence-Côte d'Azur, sont moins adaptées à la production de bulbes, du fait de printemps trop chauds ; la floraison des tulipes n'en sera pas, pour autant, moins spectaculaire. Dans les régions très ventées, on préférera les tulipes à tige courte (les espèces botaniques), afin de ne pas subir la déconvenue de floraisons brisées par le vent.

La tulipe sait s'accommoder de pratiquement toutes les expositions, du plein soleil à l'ombre légère de grands arbres. Si le froid n'est pas un obstacle à son développement, il conviendra de prendre garde au risque de gel des bulbes lors de froids très intenses (-13 à -14°C pendant 24 heures), plutôt exceptionnels en France. Une protection par paillage du sol (couche de tourbe ou de feuilles) est conseillée dans les régions où ces conditions peuvent survenir. On craindra davantage, sur les feuilles, les dégâts dus aux gelées de printemps, notamment dans des expositions au Nord, puisqu'ils peuvent apparaître avec des températures nocturnes de -3°C environ.

La plupart des types de sols* peuvent convenir à la culture de la tulipe, pourvu qu'ils soient assez drainants et pas trop compacts et battants. La tulipe s'accommode même des sols calcaires. Lors d'un printemps très sec, il conviendra d'arroser*, même et surtout après* la floraison, afin de favoriser le grossissement des bulbes fils. CG

■ Fécondation croisée

À l'état spontané et en dehors de toute intervention humaine, la multiplication* des espèces botaniques de tulipes s'effectue par bulbe* et bulbilles*, comme l'ensemble des cultivars*, mais également par semis* après formation de graines.

Chaque fleur de tulipe, possédant les pièces reproductrices mâles et femelles, peut produire des graines. La formation de ces dernières est rarement le résultat de l'autofécondation. Elle est théoriquement possible mais extrêmement peu fréquente, parfois impossible. La règle générale, pour la tulipe, est la fécondation croisée : la fécondation de la partie femelle de la fleur est opérée par des grains de pollen d'une autre fleur, mais de la même espèce. Ce pollen est essentiellement transporté par les insectes, plus rarement par le vent. Le résultat sera une tulipe

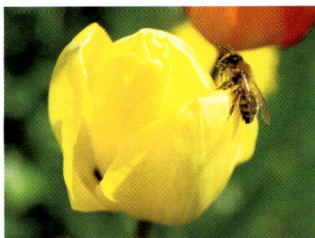

Transport du pollen effectué par un insecte.

Malgré la présence des pièces florales mâles et femelles, la fécondation est croisée.

de la même espèce que celle des parents avec des caractéristiques morphologiques semblables mais un patrimoine génétique différent. Dans ce dernier cas, la formation d'hybrides naturels est très rare car les aires de répartition des différentes espèces sont très cloisonnées.

Lors de la création de nouveaux cultivars, l'hybridation* est effectuée artificiellement par fécondation croisée (et non par bulbe et bulbilles, car alors le patrimoine génétique est conservé) à partir de parents sélectionnés et selon des modalités pré-établies par les chercheurs et les obtenteurs*.

Même si la tulipe fait l'objet d'une production et d'un commerce très importants, surtout à partir de la Hollande*, il faut noter les nombreuses incertitudes et le peu de connaissances actuelles sur une grande partie de la biologie de la reproduction de la tulipe. YMA

■ FEU : LE CHAMPIGNON QUI TUE

Le mot de feu est employé pour désigner diverses maladies* dont l'origine est parfois fort différente. Pour la tulipe, l'agent du feu est un champignon, *Botrytis tulipae*, qui peut se développer aussi bien sur les bulbes que sur les parties aériennes – feuilles, hampe florale et même fleur. En cas d'attaque, les feuilles se couvrent de petites taches arrondies et décolorées qui ressemblent à des piqûres. Si aucun traitement chimique (poudrage antifongique) n'est effectué, la maladie peut se répandre à une vitesse spectaculaire et foudroyante d'où le nom de feu.

Le champignon peut se fixer sur le bulbe* et des taches arrondies brunes et creuses avec un centre gris qui peut devenir noir apparaissent au cours de la conservation*. C'est à partir de là que la contamination gagne les feuilles. Il est à noter que le sol restant contaminé pendant au moins 2 ans, des bulbes sains peuvent se trouver attaqués. Une atmosphère humide et des températures relativement basses sont favorables au *Botrytis*. Au-dessus de 24°C, les possibilités de progression du champignon sont restreintes.

Le feu bactérien, pour sa part, n'attaque pas les tulipes. Cette maladie, *Erwinia amylovora*, se développe uniquement sur des plantes de la famille des Rosacées comme l'aubépine, certains sorbiers, poiriers, cotoneaster... Toute les maladies portant le nom de feu ont en commun de brûler les organes végétatifs lors des attaques comme si un incendie ou une flamme les avait atteints. YMA

■ FLEURS COUPÉES

La production mondiale de fleurs coupées de tulipes représente environ 925 millions de fleurs (pour 1993/1994), chiffre en progression de 40 % par rapport à celui de 1989/1990. Cette production est dominée par les Pays-Bas* qui consomment environ 50 % des bulbes* forcés dans le monde (soit environ 900 millions). Dix cultivars* fournissent plus de la moitié de la production néerlandaise : 'Monte Carlo', jaune ; 'Prominence', jaune ; 'Christmas Marvel', rouge ; 'Golden Apeldoorn', jaune ; 'White Dream', blanche ; 'Veuve Joyeuse', rouge et blanc ; 'Attila', violet ; 'Upstar', rose ; 'Kees Nelis', rouge et jaune ; 'Negrita', violet. Les autres pays producteurs sont, par ordre d'importance, l'Allemagne (175 millions de bulbes), la France (120 millions de bulbes), puis la Suède (105 millions de bulbes).

Les Pays-Bas exportent environ 700 millions de tiges de tulipes dans le monde, dont environ 120 millions sur la France. En France, la production s'articule autour de quatre grands

Tulipe Simple tardive 'Maureen'.

types : la grande tulipe du Midi, de haute qualité, dont les marchés du sud de la France écoulent environ 29 millions de tiges, la tulipe moyenne, produite en pleine terre sous serre, principalement dans le Midi et en Bretagne, la tulipe forcée en caisse, produite par quelques spécialistes dans l'Ouest et en Région parisienne, la tulipe de saison de plein air, principalement produite en Région parisienne. On estime à ce jour que l'ensemble de ces productions correspond à une consommation d'environ 70 millions de bulbes (source IBC pour 1993/1994), en déclin significatif depuis quelques années, du fait de la concurrence accrue des importations de fleurs coupées de Hollande. Le marché des fleurs coupées est caractérisé par un assortiment d'à peu près 90 variétés, nombre assez restreint.

Le jardinier amateur tirera aussi de grandes satisfactions de la culture de tulipes pour fleurs coupées. Il choisira des variétés à longue tige, qui constitueront les plus beaux bouquets, parmi les types Triomphe, Simples tardives, Perroquet, Fleurs de Lis, Hybrides de Darwin. La culture sera réalisée à l'abri des vents trop forts, sans préparation particulière des bulbes. CG

■ Fleurs fanées
Voir Après floraison

■ Flore de France

L'origine* des tulipes de la flore française dans l'état actuel des connaissances n'est pas connue avec certitude. La très grande majorité des auteurs s'accordent pour penser que la tulipe n'est pas une espèce spontanée, c'est-à-dire existant naturellement, mais subspontanée. Introduite par l'homme, elle s'est installée dans le milieu naturel où elle s'est développée et s'est reproduite sans intervention humai-ne, au point de passer pour une espèce indigène. Plusieurs hypothèses sont émises : elle aurait pu arriver à l'époque romaine, ou quelques siècles plus tard avec les invasions sarrasines ou le retour des croisés qui auraient pu transporter des bulbes pour un usage alimentaire*, ou encore plus récemment avec la culture du safran, *Crocus sativus*, à la suite d'une confusion entre les bulbes. Peut-être s'est-elle tout simplement échappée des jardins au cours des XVIIᵉ et XVIIIᵉ siècles ? Reste que certaines espèces

pourraient être véritablement devenues autochtones.

Il est possible de diviser les tulipe de la flore française en deux grands groupes : les tulipes Œil-de-soleil et les tulipes dites de Savoie. Les premières se distinguent par une très large tache noire à la base de chaque tépale. Les secondes ont des formes variées, ce qui est dû à l'isolement des populations dans les vallées de la Tarentaise et de la Maurienne ou de divers secteurs de Suisse et d'Italie. Ces tulipes ont été dessinées par le botaniste Alexis Jordan (1814-1897) au siècle dernier. Fluctuant suivant les auteurs, le nombre d'espèces serait de l'ordre de quinze. Leur situation actuelle est très précaire et préoccupante. La majorité des espèces, faisant l'objet de protection*, se trouvent ou se trouvaient dans la région Rhône-Alpes, quelques-unes en Provence-Côte-d'Azur, d'autres en Aquitaine. Seule *Tulipa sylvestris* L. aux tépales jaune vif lavés de vert et odorants, peut encore être admirée dans de nombreuses régions françaises au printemps. YMA

Tulipa sylvestris subsp. *australis.*

Florilège

Face aux côtés éphémères des objets de la nature et plus particulièrement des fleurs, les princes et les botanistes ont voulu saisir pour eux-mêmes et pour la postérité tout ce qui était nouveau. Perpétuant la tradition des herbiers*, les florilèges décrivent des collections végétales vivantes installées dans un jardin. Ils naissent au début du XVIIe siècle avec en France Pierre Valet ou Jean Robin (1550-1629), dont le *Jardin du Roy très Chrétien Henri IV* paraît en 1608 orné d'eaux-fortes.

Sur la gravure d'introduction du *Rariorum plantarum historia* de Charles de l'Écluse*, reprise intégralement dans l'ouvrage de Rembert Dodoens (1517-1585) publié en 1696, S*tirpium historiae pemptades sex*, une tulipe sépare deux Grecs illustres : Théophraste et Dioscoride. Les pages 166 et 167 du livre de Dodoens représentent quelques tulipes à fleur simple unicolore dont certaines sont marginées.

À la même époque se constitue en France un florilège fameux : la collection des vélins* de la famille d'Orléans.

Grâce à l'ensemble de ces documents, qui attestent dès le XVIIe siècle une diversité des formes* et des couleurs*, il est aujourd'hui possible de retracer une partie de l'histoire de la tulipe et de son introduction* en Europe. YMA

■ FORÇAGE
Chahuter les saisons

Le forçage consiste à fournir à la plante des conditions particulières pour qu'elle fleurisse en dehors des périodes naturelles. Ce terme peut se rapporter à deux techniques différentes, l'une pratiquée par l'horticulteur professionnel

(préparation* thermique), l'autre par le jardinier amateur. Pour ce dernier, le forçage vise à obtenir une floraison d'intérieur, généralement en bac*, au plus creux de l'hiver.

On disposera d'abord les bulbes dans du terreau les uns à côté des autres, en prenant garde qu'ils ne se touchent ou touchent les parois du récipient, de sorte que seule leur pointe dépasse, puis on recouvrira le tout de 10 cm de tourbe ou d'un sac en plastique noir pour assurer l'obscurité. La coupe ainsi préparée sera mise au jardin ou dans le cellier à 6-9°C, où elle restera 6-10 semaines, le temps que les racines se développent.

Ensuite, lorsque les pousses mesurent 3 à 5 cm, la coupe est rentrée et placée à l'ombre d'abord, puis près d'une fenêtre, à l'emplacement choisi pour la floraison. Celui-ci doit être lumineux mais non ensoleillé, à l'abri des courants d'air, loin d'une source de chaleur, à une température de 15 à 21°C. La terre doit toujours être humide. Pour réussir parfaitement le forçage, choisir des bulbes de calibre* type 12+. Sélectionner les variétés les plus adaptées, telles que les Simples hâtives 'Brillant Star' ou 'Charles'. L'aptitude au forçage est mentionnée sur les emballages des bonnes marques. CG

■ Forme des fleurs

Contrairement aux roses ou aux dahlias, la tulipe, si l'on se réfère à sa description* botanique, a des fleurs à la forme apparemment assez peu variée. En fait, des différences existent aussi bien sur le bouton floral que sur la fleur épanouie, les tépales ayant des formes et des dimensions diverses.

Si l'on se réfère à la classification* botanique, les tulipes de la section *Eriostemones* ont un bouton floral resserré à la base à cause d'un rétrécissement de la partie inférieure des tépales lui donnant une forme de poire. Par contre les tulipes de la section *Leiostemones* ont un bouton floral arrondi à la base, avec des tépales extérieurs plus longs et plus étroits que les tépales intérieurs souvent pointus. La forme globale est ovale.

Selon les espèces, le bouton est dressé comme chez *T. sprengeri*, *T. clusiana*, ou penché comme chez *T. sylvestris*. Certaines ont une fleur en forme de cloche ou campanulée (*T. eichleri*), en coupe globuleuse (*T. altaïca*), en coupe avec une ouverture totale des tépales au soleil (*T. linifolia*, *T. greigii*), en coupe avec repliement vers l'extérieur des tépales (*T. kolpakowskiana*), en étoile au soleil (*T. clusiana*).

Pour les tépales, une dizaine de formes peuvent être décrites en fonction de l'allure générale et de la terminaison : lancéolés (en fer de lance) pointus (*T. humilis*), lancéolés acuminés (dont le sommet se rétrécit brutalement en une pointe), elliptiques (ovales) comme pour *T. fosteriana*, elliptiques pointus pour *T. tarda*, *T. sylvestris*, *T. bakeri*, elliptiques acuminés pour *T. clusiana*. Des formes rhombiques (losangiques) pointues se trouvent chez *T. linifolia*, effilées et tordues chez *T. acuminata*, oblongues chez *T. mauritiana*. Chez certaines espèces comme *T. agenensis*, les tépales extérieurs sont oblongs acuminés alors que les internes sont elliptiques larges et pointus. Les tépales dans les espèces botaniques ont des longueurs de 3 à 8 cm sur 1,5 à 3 cm de largeur. YMA

Tulipa wedenskyi.

Tulipa pulchella 'Albocoerulea oculata'.

Double page suivante : Tulipe Frangée *'Noranda'*.

Tulipa sylvestris.

Tulipa humilis.

Herbier

Le mot herbier recouvre des réalités diverses selon les époques. En effet, l'*herbarium* en latin classique est le manuscrit qui décrit les plantes. C'est pourquoi le mot *herbarius* ou herbier désigne un volume de planches de botanique au long des XVᵉ et XVIᵉ siècles, avant l'apparition des florilèges*, tout en devenant le recueil de plantes sèches conservées à plat sur des feuilles de papier, sens actuel.

En 1613, Basilius Besler (1561-1629) fait paraître à Nuremberg un *Herbier des quatre saisons* à partir des plantes du jardin épiscopal d'Eischtätt illustré par 367 planches de végétaux gravées sur cuivre en taille douce et mises en couleurs à la main. Sur quarante-neuf d'entre elles figurent des tulipes. Certaines sont des espèces sauvages ou peu modifiées comme *Tulipa persica* ou *T. saxatilis*, d'autres sont déjà très transformées. Il est possible de citer des tulipes à fleur simple monochrome, des tulipes à fleur simple à tépales bicolores, rayés, striés, panachés*, marginés, des tulipes doubles, dont certaines avec des panachures diverses. YMA

Hollande. Voir Pays-Bas

Hybridation

Florilèges* et herbiers* le montrent : dès l'introduction de la tulipe en Europe* occidentale, on a cherché, quoique sans bases scientifiques, à obtenir des formes* et des couleurs* nouvelles. Aux XVIIᵉ et XVIIIᵉ siècles, la variabilité des couleurs et des panachures*, cependant, ne relève pas de l'hybridation mais d'une attaque virale donnant peu de stabilité au cultivar*.

Antoine Berjon (1754-1843), *Double étude de tulipes.* H/b 22,2 × 30,5. Paris, Louvre.

Très souvent, le bulbe dégénérera, faisant disparaître en même temps que l'obtention la complexité des associations de couleurs. À partir du XIXᵉ siècle, avec les progrès en biologie, en physiologie et en génétique, les obtenteurs* perfectionnent les techniques d'hybridation, même si les résultats restent incertains.

Le processus d'hybridation consiste en la fécondation manuelle du pistil (organe femelle) d'une tulipe mère par le pollen (cellule sexuelle mâle recueillie sur les organes mâles ou étamines) d'une tulipe père.

L'obtenteur* doit s'attacher à la compatibilité des deux parents. En effet, la plupart des tulipes sont de type diploïde, ce qui les rend compatibles entre elles, mais il existe des variétés triploïdes et, plus rarement, tétraploïdes ou pentaploïdes qui sont incompatibles avec la plupart des variétés classiques ou avec les espèces sauvages*.

Après la fécondation et la formation du fruit, 200 à 300 graines sont mises à germer. Cinq à six ans plus tard, les fleurs apparaissent. Commencent dès lors véritablement comparaisons et sélections*. CG et YMA

■ Introduction

Le milieu du XVIᵉ siècle est l'objet d'une intense vie intellectuelle et scientifique. La soif de savoir, la volonté de décrire et de comprendre le monde vivant et surtout végétal, les introductions de plantes jusqu'alors inconnues vont entraîner la création des jardins botaniques modernes. À celui de Padoue créé en 1545 succèdent ceux de Leyde (1577), Montpellier (1594), Paris (1626)...

C'est en 1554 qu'Augier Ghislain de Busbecq (1522-1592), ambassadeur de Ferdinand Iᵉʳ d'Autriche auprès de Soliman le

Double page suivante : John Walter, *Trois tulipes flammées*, 1652. Gouache sur vélin. Paris, Bibliothèque nationale de France.

Magnifique, fait parvenir des graines et peut-être des bulbes du nom* de tulipe à Vienne. Une partie de cet envoi est mise en culture et étudiée par Charles de l'Écluse*, l'autre donnée à des personnages influents.

C'est ainsi qu'en 1559, le botaniste zurichois Conrad Gesner (1516-1565) peut en admirer pour la première fois en Europe dans le jardin du banquier augsbourgeois Herwart. Ce délai de cinq ans entre l'arrivée et la floraison conforterait la thèse d'un envoi de graines ou de jeunes bulbilles* et non de

bulbes*. Dès 1561, Gesner traite de la nouvelle plante, qu'il nomme *Tulipa Turcarum*, dans son ouvrage, *Hortus Germaniae*. La description et l'illustration données montrent qu'il s'agissait vraisemblablement de l'hybride 'Duc de Thol', nain, hâtif, à coloris variant du blanc ou jaune au rouge écarlate, avec parfois un cœur jaune, vert ou noir.

À partir de cette date, la diffusion en Europe* de quelques bulbes commence et, de proche en proche, des tulipes vont se retrouver dans les jardins privés d'Anvers en 1562, d'Amsterdam en 1573 grâce à un autre banquier augsbourgeois – Fugger –, dans ceux de Grande-Bretagne en 1578 et, beaucoup plus tard, en France (1608). C'est ainsi qu'avant les années folles de la tulipe ou tulipomania* (1630-1637), plus d'une centaine de cultivars* sont déjà en culture. Cependant, malgré la qualité des florilèges* et les connaissances actuelles, il est pratiquement impossible d'identifier les formes cultivées de nos jours aux formes anciennes. YMA

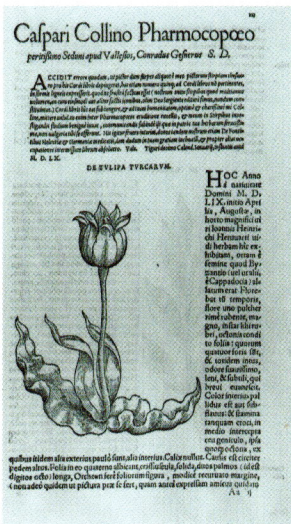

In vitro

Pour remédier au faible taux de multiplication* de la tulipe, des techniques in vitro ont été expérimentées. Des cellules prélevées sur la hampe florale de bulbes* préalablement mis en forçage* sont disposées sur un milieu additionné de régulateurs de croissance et placées dans l'obscurité à 18-20°C. Durant 3 à 4 mois se forment des bourgeons qui sont repiqués sur un milieu enrichi en sucre. Ils subissent un passage à 5°C pendant 9-12 semaines avant d'être mis en culture à 20-25°C. On obtient finalement de petits bulbes.

Cette méthode permet apparemment de résoudre le problème pour certains cultivars*, dont le taux de multiplication atteint ainsi 100 à partir d'un bulbe de départ.

Cependant, les premiers résultats ont été particulièrement décevants, car la tulipe est très complexe biologiquement : la multiplication traditionnelle a encore de beaux jours devant elle. YMA

■ JARDIN
De l'écrin au massif

Depuis son introduction*, la tulipe est cultivée dans le jardin fleuriste ou bouquetier. Ce jardin intime, clos de hauts murs, est le lieu de présentation des plantes et fleurs exotiques. Dans la première représentation du Jardin des plantes de Paris par Scalberge, en 1636, figure un tel enclos, portant le nom de « Jardin à tulipes ».

À la fin du XVIe et au début du XVIIe siècle, la plante est présentée dans de tout petits massifs de quelques décimètres carrés en raison de sa rareté et de son prix. Des miroirs sont souvent placés dans les jardins au moment de la floraison, multipliant visuellement les tulipes et donnant ainsi une impression de richesse.

Avec le développement des jardins classiques au cours des XVIIe et XVIIIe siècles, quelques parterres et plates-bandes seront parfois fleuris dans les grandes demeures. Malgré le peu de documents et l'absence quasi totale de plans de plantation et de listes de plantes, il est possible de connaître les principes de fleurissement. Les plantes à fleurs sont disposées en ligne et en mélange, selon un module qui se répète du début à la fin de la plate-bande. Les plantes à bulbes (tulipes, narcisses et jacinthes), vivaces* ou ligneuses, de printemps, d'été et d'automne sont mises en place en même temps et souvent pour une période de trois ans. Vers le mois d'août, quelques annuelles sont ajoutées pour apporter une touche complémentaire de couleur. Dans le plan de 1693 des plantations des parterres du Grand Trianon à Versailles figurent 40 500 tulipes sur les 81 000 bulbes. Mais il est certain que seules les tulipes ordinaires, c'est-à-dire non panachées*, sont utilisées. Les belles, les panachées, sont réservées au jardin fleuriste, où des mises en scène permettent de les mettre en valeur.

C'est le XIXe siècle avec la mode des parcs et des jardins publics qui favorisera les grands massifs propices aux compositions* florales, l'utilisation en grand nombre et la diffusion de tulipes à couleur unique. YMA

Jauge

Voir Après floraison

Langage des fleurs

L'analyse des quelques légendes* relatives à la tulipe montre qu'elle est surtout associée à l'amour impossible ou malheureux. Au début du XXᵉ siècle en France, des significations plus précises ont été attribuées à certaines tulipes. La tulipe de Gesner représente les plaisirs champêtres, la tulipe double une réussite honorable, la tulipe 'Duc de Thol' le danger des richesses, la tulipe sauvage la haine ; la tulipe 'Œil de soleil' nous invite à nous méfier de ce qui brille. De telles interprétations doivent être très relativisées, car elles ne reposent en Europe occidentale sur aucune tradition ni aucun mythe.
Chez les Turcs, à la fondation de l'Empire ottoman* au XIVᵉ siècle, la tulipe joue un rôle symbolique. Elle est choisie comme emblème au même titre que la fleur de lys en France. Si la Turquie actuelle ne la fait plus figurer dans ses armoiries, la tulipe est devenue depuis 1993 la fleur emblématique de la République islamique d'Iran en souvenir de ses martyrs. YMA

La Quintinye (Jean de)

Directeur sous Louis XIV des Jardins fruitiers et potagers du Roy, c'est-à-dire du potager du château de Versailles, Jean de La Quintinye (1626-1688) intitule un des chapitres de son ouvrage *Instruction pour les jardins fruitiers et potagers* : « De la

« *Sur les rives du Bosphore, la tulipe est l'emblème de l'inconstance ; mais elle est aussi celui du plus violent amour. [...] Elle va dire malgré les grilles et les verrous, à la beauté captive, qu'un amant soupire pour elle.* »

Jean-Baptiste de Vilmorin, *Le Jardin des hommes.*

différence des tulipes et de leurs espèces ». Il cite et décrit plus de 420 cultivars*, tous à tépales panachés*, dont il donne une classification* qui permet de mieux comprendre l'intérêt porté par ses contemporains à certaines formes de tulipes. La première distinction concerne les plantes à floraison printanière hâtive et celles à floraison tardive. Le principal critère de beauté est la couleur* éclatante, alliée à une belle panachure ou à une bordure colorée grande et nettement découpée.

Les tulipes panachées sont ainsi réparties en quatre catégories, allant de la moins belle à la plus belle. La première, Paltot, présente des fleurs de couleur rouge et jaune ou blanche et rouge. Lorsqu'elles comportent en plus des paillettes noires ou brunes, on les nomme Paltody. La deuxième, Morillon (nom donné également à une sorte d'émeraude brute), se caractérise de même par deux couleurs, quelles qu'elles soient, mais autres que celles des Paltots. La troisième porte le nom d'Agate ; il existe une subdivision en Agatine : si les couleurs sont au nombre de deux ou trois, elles sont distinctes et parfaitement séparées les unes des autres. La qua-

Emblème de la République islamique d'Iran.

À gauche : Frédéric Scalberge, *Le Jardin des plantes de Paris*, 1636. Parchemin. Paris, bibliothèque centrale du Muséum national d'histoire naturelle.

trième est sans conteste la plus belle, et aussi la plus chère : Marquetine, ou Marquetrine, a quatre ou cinq couleurs, parfois davantage.

Les panachures, détachées les unes des autres, sont nettes et « arrêtées par un petit bord, comme un filet de soye bien délié ». La Quintinye cite quelques autres catégories dont les jaspées, les doubles et une forme extraordinaire, quoique aux couleurs bizarres, « affreuse à voir », répondant au nom de Monstre. Cependant, pratiquement aucune de ces tulipes n'ira fleurir le jardin* d'agrément ; elles resteront réservées au jardin fleuriste ou au jardin intime. YMA

■ LÉGENDE : LE SANG DU PRÉTENDANT

La légende et non la mythologie, car elle se constitua au cours du XVIIᵉ siècle, veut que Tulipe, la fille de Protée, dieu de la mer, ne vive qu'à sa fantaisie et fuit à l'approche de son amant, Vertumne. Celui-ci, divinité présidant aux changements de saison, cherche désespérément à fixer le regard de sa belle. Il prend toutes les formes possibles : rayon de soleil, brume, nuage, feuillage argenté, tendre rosée, feuille morte... Rien n'y fait et les divinités – faunes, dryades, satyres – rient de son infortune. Il prend alors son habit de chasseur pour traquer Tulipe. Prise dans une haie épineuse, elle implore Diane de la sauver. La déesse la transforme en une fine fleur élégante, distinguée, sans cesse renouvelée par des corolles diverses et ne voyant le jour qu'au printemps. Ainsi Vertumne tend-il ses bras vers sa bien aimée chaque année à l'automne en ouvrant la terre et au printemps en accueillant pour quelques jours cet amour lumineux mais insaisissable.

Une autre légende, de tradition ancienne perse, raconte comment le roi perse Khusraw Parviz, après une jeunesse agitée, entend parler d'une princesse arménienne, Shirin. Parti à sa recherche, il la trouve dans un jardin et en tombe amoureux. Mais cette princesse est également aimée par Farhad, un artiste persan. Jaloux, Khusraw fait parvenir à son rival la fausse nouvelle de la mort de Shirin. De chagrin, Farhad se précipite du haut d'une montagne et trouve la mort. Mais son sang est transformé en tulipes aux fleurs rouges et blanches qui croissent depuis à la limite des neiges de ce pays montagneux.

Ces légendes expliquent pourquoi la tulipe, dans le langage* des fleurs, sera associée à une déclaration d'amour ou à une affection sans amour. YMA

Levée de dormance

Voir Cycle végétatif

Littérature française

La tulipe n'appartient pas au fond ancien des légendes*, des mythes ou des croyances diverses comme d'autres plantes – rose, lis, aubépine – présentes depuis très longtemps en Europe occidentale. D'intro-

Crépuscule du soir mystique, cite « Dahlia, lys, tulipe et renoncule –/Noyant mes sens, mon âme et ma raison,/Mêle dans une immense pâmoison/Le Souvenir avec le Crépuscule ». À l'inverse, Charles Baudelaire (1821-1867) déclare dans *Le Spleen de Paris* « Qu'ils cherchent, qu'ils cherchent encore, qu'ils reculent sans cesse les

La Tulipe noire, film de Christian-Jaque, 1963.

duction* récente, elle figure dans quelques textes littéraires et représente souvent la venue du printemps associée à une beauté froide manquant de charme et surtout ne possédant aucun parfum. C'est ainsi qu'Alphonse Karr (1808-1890), dans *Les Fleurs animées* (1847), conclut à propos d'une jeune fille éclatante et majestueuse mais dénuée de grâce et de vivacité d'esprit : « la tulipe n'avait pas de parfum ». La Bruyère (1645-1696) ne peut s'empêcher dans *Les Caractères* d'écrire quelques lignes sur le passionné qui « ne va plus loin que l'oignon de sa tulipe » et Malraux (1901-1977) sur le tulipiste (voir Noms dérivés).

Au XIXe siècle, quelques poètes évoquent la fleur avec des visions fort différentes. Paul Verlaine (1844-1896), dans

limites de leur bonheur, ces alchimistes de l'horticulture ! [...] Moi, j'ai trouvé ma "tulipe noire" et mon "dahlia bleu" ». Gustave Flaubert (1821-1880), alors qu'il n'a que 25 ans, écrit qu' « il [lui] est doux de songer qu'[il servira] un jour à faire croître des tulipes ». Mais c'est surtout autour de la tulipomania* que trois œuvres seront écrites fin XIXe début XXe. Deux sont des pièces de théâtre, *L'Amiral* de Jacques Normand (1895), *La Fleur merveilleuse* de Miguel Zamacoïs (1910), la troisième est un roman, *La Tulipe noire** d'Alexandre Dumas (1860). Les intrigues comme l'action sont fondées avant tout sur la très grande valeur des bulbes et la passion d'amateurs prêts à tous les sacrifices pour obtenir la fleur idéale. YMA

Jan Van Kessel, le Vieux (1629-1679), *Vertumne et Pomone*. H/t. Londres, Johnny Van Haeften Gallery.

■ MALADIE

La tulipe est considérée par le jardinier amateur comme une plante peu sujette aux maladies et parasites. Néanmoins, il est bon de connaître les principaux désordres qui peuvent intervenir, afin de les traiter préventivement ou curativement. Les maladies et parasites les plus courants chez la tulipe peuvent attaquer soit les bulbes en cours de conservation*, soit la plante en cours de végétation.

Trois grands types de symptômes peuvent être observés sur les bulbes en cours de conservation : la présence de colonies de pucerons grisâtres implique de traiter avec un insecticide anti-pucerons ; le ramollissement des bulbes avec présence de moisissure bleue (*Pénicillium*) peut être évité par poudrage préventif d'un fongicide. Enfin, si ce ramollissement s'accompagne de petits animaux minuscules – les acariens des bulbes – il faut utiliser un produit anti-acariens.

On remédiera à la pourriture blanche des bulbes, qui se caractérise par un feutrage blanc et la formation d'amas de sclérotes noirs, par un poudrage antifongique avant stockage, comme pour le feu* de la tulipe, qui attaque la plante en cours de végétation. Le bulbe peut encore être rongé par un asticot : cette mouche des bulbes est combattue par un insecticide du sol incorporé à la plantation. Il peut aussi être rongé avec des traces de morsures : des appâts anti-campagnols régleront le problème.

Des pétales aux panachures* de couleurs différentes de la normale et des feuilles striées de jaune indiquent la présence du virus de la panachure ou de la mosaïque du concombre ; les plantes malades doivent impérativement être éliminées et un traitement anti-pucerons (vecteurs de ces virus) pratiqué. CG

■ Maturation des bulbes

La période de maturation des bulbes* correspond à la phase de repos apparente qui a lieu après* la floraison, et au cours de laquelle se différencient les bourgeons floraux et végétatifs qui seront à l'origine de la floraison de l'année suivante.

Au début de cette période, les feuilles jaunissent puis se dessèchent ; les racines se nécrosent et disparaissent.

Dès le mois de mai commence l'initiation florale, étape du cycle* végétatif, qui s'achève durant la conservation* des bulbes, en juillet ou en août. Le développement des racines du plateau basal s'opère dans le même temps.

Cette phase de maturation est essentielle au jardin. C'est pourquoi il est conseillé de n'arracher les bulbes que lorsqu'ils ont atteint leur complète maturité, autrement dit lorsque le feuillage est totalement desséché. Ainsi, un printemps particulièrement sec peut hypothéquer les floraisons de l'année suivante, car la sécheresse perturbe les mécanismes physiologiques de l'induction florale (formation du bourgeon floral).

La maîtrise des conditions dans lesquelles se déroule cette phase est encore plus essentielle pour le producteur, car elles conditionnent l'obtention des floraisons ultérieures.

La préparation* thermique leur permet de pallier un difficile contrôle des conditions agroclimatiques de la période précédant la récolte. CG

Céramique d'Iznik, XVIᵉ siècle. Écouen, musée de la Renaissance.

Motif décoratif. Abu Dhabi, État des Émirats arabes unis.

■ Motif décoratif

Les artistes de l'Empire ottoman* sont vraisemblablement les premiers à styliser la tulipe et à la représenter sur divers supports.

Les céramiques d'Iznik (Anatolie) sont très réputées au XVIᵉ siècle et les carreaux à motifs de tulipes viennent orner des mosquées comme celles d'Istanbul et d'Edirne. Des chopes et des plats sont dotés d'un décor similaire, avec des fleurs allongées aux tépales très lancéolés en forme de lyre qui rappellent la tulipe cornue ou *Tulipa acuminata*, à l'origine obscure et inconnue à l'état sauvage. Bien que de couleur* bleue sur ces différentes représentations, cette tulipe est en réalité jaune striée de rouge.

Depuis le XVIᵉ siècle et encore de nos jours, c'est également en Anatolie, sur les tapis en laine de la région de Ladik, qu'apparaissent des tulipes, parfois réduites à la seule fleur, plus ou moins stylisées. On les retrouve, presque abstraites, sur les tapis des XVIIᵉ et XVIIIᵉ siècles du Caucase et de la Perse occidentale. À partir du début du XVIIᵉ siècle, ce type de représentation atteint les Pays-Bas* puis, rapidement, la majorité de l'Europe* occidentale. Les supports les plus variés sont retenus comme les frontons de cheminées, le linge de table, les carreaux de faïence, les boiseries, les étains, les céramiques, les services de table... Sur l'une des tables en marqueterie de pierres précieuses ayant appartenu aux Médicis au début du XVIIᵉ siècle (Muséum national

« *Il n'avait jamais réussi à aimer une femme autant qu'un oignon de tulipe [...] mais [...] être botaniste ne l'empêchait pas d'être jardinier.* »

Victor Hugo, *Les Misérables.*

d'histoire naturelle) figurent parmi d'autres fleurs des tulipes.

Au XIXᵉ siècle, le tulipier (voir Noms dérivés), objet décoratif en barbotine fabriqué en Lorraine, est constitué de vases soliflores à l'allure de tulipes que peuvent accompagner d'autres formes végétales (iris, nénuphars). Encore de nos jours, les bouchons des flacons de certains parfums de la maison Lalique s'inspirent des fleurs de tulipe en bouton.

Des artistes contemporains les prennent également comme modèle pour la décoration de tissus d'ameublement ou de vaisselle. Le motif gagne la philatélie* et même les cartes à jouer puisque chez plusieurs éditeurs, la Dame de pique tient dans sa main droite une fleur de tulipe rouge. YMA

■ Multiplication

Le genre Tulipa possède à l'état naturel deux modes de multiplication : l'un végétatif avec deux formes (bulbes et bulbilles), l'autre sexué (graines). Le plus connu, le plus employé et le plus rapide est la multiplication végétative par bulbe*. Cependant, un bulbe florifère ne donne qu'un autre bulbe florifère. Il y a donc plutôt continuation que multiplication. Les bulbilles* en revanche donnent un coefficient de multiplication compris entre 1 et 5, mais il faut attendre de 1 à 4 ans la floraison. Dès lors, une quinzaine d'années d'observation sont nécessaires avant de commercialiser un nouveau cultivar*. Mais seuls bulbes et bulbilles donnent une reproduction à l'identique de la fleur obtenue par croisement sexué.

Dans la nature, les graines permettent à la tulipe de se disperser sur une aire importante et de résister à des conditions défavorables du climat, le semis* compensant une disparition partielle ou totale des bulbes.

Toutefois, ce dernier est rarement évoqué, car la plante met alors 4 à 5 ans avant de fleurir. Par ailleurs, la fécondation* croisée rend difficile la conservation des caractères ornementaux initiaux pour les cultivars ; enfin, pour un certain nombre de cultivars à fleur double, la fleur est stérile (voir Description botanique).

Le semis n'est donc utilisé par les obtenteurs* que pour des objectifs de sélection* génétique et d'hybridation* et par les botanistes pour augmenter le nombre d'individus et conserver une diversité génétique pour les espèces rares exigeant une protection*. Pour les uns comme pour les autres, le faible taux de multiplication végétative est un réel handicap. C'est pourquoi des recherches ont été menées sur des techniques de multiplication rapides *in vitro*. YMA

Anonyme, *Tulipes*, XVIIIᵉ siècle.
New York, Pierpont Morgan Library.

■ NOIRE
La quête de l'impossible

La tulipe noire est un mythe, qui a inspiré certaines pages de la littérature*. Mais Alexandre Dumas a beau mettre en scène au XVIIᵉ siècle un horticulteur flamand, Cornelius Van Baerle, plus amoureux de ses chères tulipes noires que de sa jolie fiancée, cela ne donne aucune réalité à une couleur* qui n'existe pas

spontanément dans le monde végétal. En effet, comme elle s'obtient grâce au mélange savant de plusieurs couleurs, il n'est possible que de tendre vers le noir. Souvent, c'est la concentration des pigments organiques sur un fond beaucoup plus clair – rouge ou jaune – qui donne à la rétine cette sensation de noir véritable, qui est réservé avant tout au monde minéral. Ce cœur noir se rencontre chez les espèces botaniques *Tulipa linifolia*, *T. eichleri*, ou certains cultivars* des tulipes Hybrides de Darwin, ou des tulipes Greigii.

Les tulipes « noires » des catalogues sont en fait pourpre foncé, marron ou violacé sombre. Les obtenteurs* et les hybrideurs tentent d'atteindre cette couleur en superposant à un fond jaune une anthocyanine pourpre foncé. Cependant, malgré leurs efforts, la couleur de la tulipe ne sera jamais vraiment noire. Les deux cultivars s'en approchant le plus sont 'Queen of night' ('Reine de Nuit') dans les tulipes Darwin et 'Black Parrot', pourpre presque noire, dans les tulipes Perroquet. Une société hollandaise a présenté en 1986 une tulipe d'un violet très près du noir. Elle résulte d'un croisement entre deux cultivars – 'Reine de Nuit' et 'Wienerwald'. Cette nouvelle tulipe, non encore dénommée, devrait être homologuée bientôt avant d'être commercialisée dans les années 2010 ! Le mythe ne sera pas pour autant détruit. YMA

▉ Nom

Busbecq rapporte dans son ouvrage *Itinera Constantiopolitanum et Amasianum* publié en 1581 les étapes de son voyage dans l'empire ottoman* avec le physicien Willem Quackelbeen. En approchant de la ville actuelle d'Edirne en Turquie, il voit des « fleurs d'hiver » qui embellissent le pays, dont des narcisses, des jacinthes et une « espèce que les Turcs appellent *tulipan* ». Or ce mot, dérivé du persan *touliban* ou *dulbend*, en turc *tûlbend*, désigne le turban

coiffant les orientaux. Était-ce par analogie avec la forme de la fleur que le terme de *tulipan* fut indiqué à Busbecq ? En réalité, en persan comme en turc, la plante était et est encore appelée *lalé*. Deux sortes de tulipes offertes sur les marchés de Constantinople et décrites par Charles de l'Écluse* se nomment ainsi respectivement 'Café lalé' et 'Cavala lalé', en référence dit-on aux ports de Kaffa sur la mer de Crimée et de Cavala en Macédoine, d'où elles étaient expédiées vers la

Portrait de Soliman le Magnifique (1494-1566). Peinture du XVIᵉ siècle. Vienne, Kunsthistorisches Museum.

capitale. Le mot lalé, formé des mêmes lettres que « croissant », symbole de l'Islam, et que le nom d'Allah, était en outre investi d'un sens mystique.

C'est donc parce que Busbecq fut induit en erreur que lors de son introduction* en Europe, la plante fut nommée tulipe et que le nom officiel scientifique du genre est devenu *Tulipa*. *Tulip* en anglais, *tulpe* en allemand, *tilp* en flamand, *tulipano* en italien, *tulipan* en espagnol, tulipe en français, pour les turcs, elle est toujours *lalé*. YMA

■ Nomenclature horticole

À la fin du XIXe siècle, les hybrideurs anglais et hollandais, recourant à de nouvelles espèces botaniques d'origine* asiatique, créent de très nombreuses variétés, c'est-à-dire des formes* nouvelles et des cultivars* stables. Il devient vite difficile de les classer selon les critères botaniques, d'autant que règne une multiplicité de noms et de synonymes. C'est pourquoi en 1913, à l'initiative de la Société royale d'horticulture de Grande-Bretagne, est fondé le Comité de nomenclature de la tulipe, chargé de mettre en place des règles pour régir la dénomination des cultivars. Avant de recevoir une appellation définitive, les cultivars connus sont plantés dans le jardin de Wisley, en Angleterre, pour être comparés. Les producteurs anglais et hollandais coopèrent donc et publient une première classification* horticole en 1917.

Quelques années plus tard, d'autres formes de tulipes sont élaborées et mises en terre pour étude au siège de la Société centrale des bulbiculteurs néerlandais à Haarlem. Un comité est

Simple hâtive

Double hâtive

Simple tardive

Rembrandt

Mendel

Triomphe

Simple tardive

Darwin hybride

Fleur de lis

Perroquet

reconstitué pour clarifier la nouvelle situation. La couleur*, décrite avec précision, est l'un des critères importants de reconnaissance. En 1929, une liste de plusieurs centaines de noms est constituée, avec un supplément dès l'année suivante. À la suite de la Conférence internationale sur l'horticulture tenue à Rome en 1935, une liste des cultivars des tulipes de jardin devant servir de base à tout classement et toute dénomination ultérieurs est établie. Il reste entendu que désormais, un même nom ne doit jamais avoir été attribué à une autre tulipe.

Pour chaque nouveau cultivar doit figurer le nom du créateur, l'année d'obtention, une description détaillée de la fleur et de sa couleur et le nombre de chromosomes. Contrairement aux roses, l'origine parentale n'est pas précisée. La liste est révisée régulièrement. La dernière date de 1987 et a été publiée aux Pays-Bas par l'Association royale pour la bulbiculture. YMA

■ Noms et significations dérivés

Le mot tulipe revêt plusieurs significations. Tulipe n'est-il pas le surnom donné sous l'Ancien Régime aux soldats gais et pleins d'entrain immortalisés par le film *Fanfan la Tulipe*, d'après le roman de Paul-Émile de Braux (1796-1831) ? Surtout, ce terme a donné quelques dérivés dont tulipier et tulipiste.

Tulipe et tulipier désignent parfois des végétaux herbacés ou ligneux qui ne sont pas du genre *Tulipa* : dans les plantes herbacées bulbeuses originaires d'Afrique australe, une Amaryllidacée, *Hæmanthus coccineus*,

est dite communément tulipe du Cap, et une Liliacée du genre *Fritillaria* tulipe des prés. Tulipier est réservé à des arbres dont les fleurs ressemblent à celles des tulipes : la tulipe en arbre ou tulipier de Virginie, *Liriodendron tulipifera* (Magnoliacées), originaire du sud-est des États-Unis, ou le tulipier de Chine, *Liriodendron chinense*. Le *Magnolia grandiflora* (Magnoliacées), provenant du sud-est des États-Unis, peut également être appelé tulipier. Citons encore le *Spathodea campanulata* (Bignoniacées), souvent dénommé tulipier du Gabon à cause de sa floraison spectaculaire rouge vermillon et de l'aspect de ses fleurs. Dans la littérature*, tulipier est l'amateur ou le cultivateur de tulipes. Par contre Malraux (1901-1976), dans *La Condition humaine*, parle de tulipiste lorsqu'il décrit un « haut fonctionnaire hollandais de Sumatra qui passait tous les ans, en rentrant, caresser ses tulipes... ».

Avec l'Art nouveau, dont Gallé (1846-1904) est l'un des chefs de file, les représentations* ou les motifs* décoratifs inspirés de tulipes se multiplient. Tulipier en vient ainsi à désigner un objet en barbotine très en vogue à la fin du XIXᵉ siècle, ornant le centre des grandes tables des maisons bourgeoises. YMA

Atelier Gallé, *Étude de tulipe pour un motif décoratif*, 1902-1903. Crayon, encre et aquarelle. Paris, Orsay.

■ NOURRITURE ET ARROSAGE

Les plantes à bulbe n'exigent, en principe, aucune fumure particulière car le bulbe même contient une réserve nutritive. Néanmoins, lorsque le sol est très pauvre, sableux ou lessivé, il est conseillé d'apporter un amendement organique, type compost de fumiers. Dans ce cas, choisir un compost bien mature, c'est-à-dire qui ne fermente plus. En effet, un amendement mal composté pourrait être phytotoxique par excès d'azote et provoquer un blocage de la plante et son jaunissement. Veiller à bien mélanger ce compost au sol, et l'utiliser à raison d'environ 5 kg/m². Ce mélange pourra également être employé pour les bacs*. Par ailleurs, dans le cas où les bulbes restent plusieurs années en place, il est recommandé d'effectuer, à l'automne, un apport d'engrais minéral « spécial bulbes ». Un équilibre azote (N)-acide phosphorique (P)-potasse (K) de type 9-9-6 convient très bien. Cet apport additionnel, qui pourra être renouvelé chaque automne, permettra aux bulbes de constituer suffisamment de réserves pour produire une floraison abondante.

Pour ce qui est de l'arrosage et de la teneur en eau, les bulbes doivent être plantés dans un sol suffisamment humide si l'on veut avoir un bon enracinement et un développement normal de la végétation. En principe, l'arrosage n'est pas nécessaire dans les conditions classiques de l'automne sous nos climats européens, mais il est toujours possible d'arroser une fois à la plantation* si celle-ci a lieu pendant une période très sèche. La saison la plus critique en matière d'arrosage sera le printemps, notamment dans les régions les plus méridionales. De fait, elle correspond, dans le cycle* végétatif, à une période allant de la phase active pré-florale (1-2 semaines) à la fin du grossissement des bulbes fils. Or c'est le moment où se reconstituent les réserves du bulbe, et un manque d'eau se traduit par un retard de croissance, une réduction de la hauteur des plantes, de la taille des fleurs, des feuilles, et une sénescence précoce. Suivant l'environnement*, on prodiguera ainsi, dans certaines régions aux printemps secs, un arrosage copieux une fois par semaine en moyenne, même après* la floraison. CG

Tulipe Simple tardive 'Maureen'.

Danse devant le sultan Ahmet III, XVIIIᵉ s. Miniature. Istanbul, bibliothèque du palais de Topkapi

Tulipe Fosteriana 'Juan'.

■ Obtenteur

Certaines fleurs dont la rose possèdent de véritables dynasties d'obtenteurs, créant très régulièrement de nouveaux cultivars* et internationalement connus comme Meilland, Delbard, Kordes ou Harkness. La tulipe est plus modeste et les obtenteurs sont plutôt des sélectionneurs* qui tentent, dans un semis*, de déceler la plante qui aura peut-être un avenir. Vers 1830, la première maison qui se préoccupe de trouver de nouvelles formes et de nouveaux cultivars est

E. H. Krelage et Fils, dont le siège est à Haarlem (Pays-Bas). Elle met sur le marché les tulipes Darwin à la fin du XIXᵉ siècle. À partir d'un programme d'hybridation*, les croisements successifs de ces tulipes Darwin avec des tulipes hâtives naines du groupe 'Duc de Thol' donnent vers 1900 les 'Mendel', puis les 'Triomphes'. Les plus grands progrès cependant sont obtenus grâce à l'introduction d'espèces* botaniques sauvages d'origine* asiatique. Dès 1897, sous l'impulsion de son directeur J. M. C. Hoog (1865-1950), une entreprise hollandaise, C. G. Van Tubergen, envoie des collecteurs professionnels de l'Iran au Tibet, en passant par le Caucase et le Kazakhstan. Ils ramènent de très nombreuses espèces qui sont encore en culture chez Van Tubergen et qui servent de réservoir génétique. Le jardin botanique impérial de Saint-Pétersbourg rassemble également de nombreuses espèces trouvées au Turkestan et récoltées en grand nombre grâce à un médecin allemand, Albert Regel, et à des naturalistes dont P. L. Gräber et Haberhauer. C'est ainsi que sont introduites autour des années 1900 *Tulipa greigii*, *T. kaufmanniana*, *T. fosteriana* et *T. eichleri*. Certains instituts comme l'INRA en France (Institut national de la recherche agronomique) font des recherches dans le domaine de la physiologie et pratiquent quelques sélections* en vue de créer de nouveaux cultivars. C'est en partie grâce aux tulipes botaniques rapportées au début du XXᵉ siècle que quelques obtenteurs peuvent espérer trouver de nouvelles formes* ou couleurs*. YMA

■ **Oignon.** Voir Bulbe

■ **Origine géographique**

Si l'introduction* de la tulipe
en Europe occidentale s'est faite
à partir de la Turquie, l'aire
d'origine de l'ensemble des
espèces dépasse largement les
limites de ce pays : elle s'étend
de l'Europe à l'Asie centrale en
passant par l'Asie mineure avec
des diverticules en Afrique du
nord, au Cachemire et en Inde.
Il n'est pas certain que le genre
Tulipa soit spontané au Japon ;
les tulipes ont pu y être impor-
tées à une époque ancienne et
avoir ainsi une origine humaine,
comme celles de la flore* de
France.

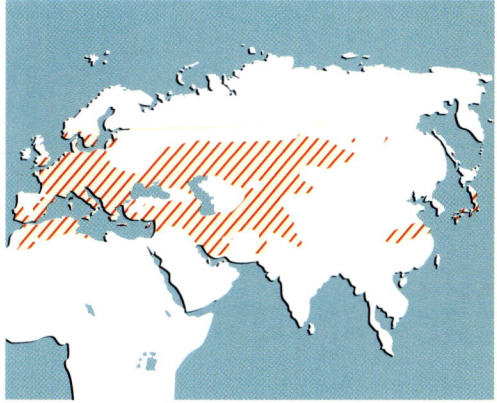

Il est à remarquer que la tulipe
n'existe à l'état spontané ni sur
le continent nord-américain, ni
dans l'hémisphère sud. YMA

Aires d'origine
des espèces
botaniques.

■ **OTTOMAN (EMPIRE)**
Les tulipes en fêtes

Au moment de la création de l'empire ottoman au
XIVe siècle par Osman, la tulipe en devient
l'emblème et inspire alors de nombreux motifs*
décoratifs. Des jardins et des kiosques sont installés
en bordure du Bosphore. Mais il faut sans doute
attendre le sultanat d'Ahmet III (1703-1730) pour
voir de très grandes fêtes en l'honneur de la tulipe.
En effet, après la défaite des Turcs au siège de
Vienne en 1683, une période plus calme et surtout
moins martiale s'installe. Les jardins du palais sont
restaurés et plus d'un demi-million de bulbes avec
près de 1 300 variétés et cultivars* y fleurissent tous
les ans. En 1726, l'ambassadeur de Louis XV, le
père d'Ardène (mort en 1769), assiste à l'une de ces
fêtes de légende dont il laissera le récit dans une
lettre en avril de la même année : « Lorsque les
Tulipes sont en fleur & que le grand Visir veut les
faire voir au grand Seigneur, on a soin de remplir les vides des oignons qui ont
manqué par des Tulipes qu'on prend d'autres jardins & qu'on met dans des bou-
teilles. De quatre en quatre fleurs, on plante à terre une bougie, à hauteur des-
dites fleurs, & on garnit les allées de cage de toute sorte de fleurs dans des bou-
teilles & illuminés par une infinité de lampes de cristal de diverses couleurs [...]
ce qui [...] fait un effet merveilleux. ». Ces fêtes en l'honneur de la tulipe ne dure-
ront que quelques décennies mais marqueront durablement les esprits. Durant
cette époque, de nombreux livres sont édités sur les pratiques du jardinage et sur
la culture de la tulipe. L'un des auteurs les plus populaires est Mehmet Lalezar, ce
qui signifie tulipe d'or. Au début du XIXe, dans *La Corbeille de fleurs*, ouvrage
paru en 1819 et destiné aux jeunes demoiselles, les fastes de ces « fleurs passagères
et brillantes qu'ont arrosées les Odalisques » sont encore évoqués. YMA

■ **Outils.** Voir Plantation

■ **Panachée**

La plupart des tulipes panachées ne sont pas le fruit d'une hybridation mais d'un virus : le « virus de la mosaïque de la tulipe » (voir Maladie).

Il provoque la décoloration de la fleur, la déformation des tépales, qui deviennent dentelés, et l'apparition d'un bouton floral plus petit. Compte tenu de son origine virale, le dessin irrégulier obtenu ne peut être stabilisé.

Au début du XVIIe siècle, elles sont à l'origine de la tulipomania* et du classement de La Quintinye*. Les panachures – stries jaunes ou blanches, parfois foncées – vont se révéler sur les fleurs roses ou rouges à cause d'une modification de la répartition des pigments. Par contre, les fleurs blanches ou jaunes ne subissent aucune modification de leur coloration. À partir du XXe siècle, avec le progrès des connaissances, il devint possible d'obtenir, par hybridation, des panachures stables. YMA

■ **PAYS-BAS : UNE TERRE D'ÉLECTION**

En 1994, les Pays-Bas fêtaient les 400 ans de la tulipe. En effet, elle avait fleuri pour la première fois en Hollande en 1594, dans le jardin de Charles de l'Écluse*. Depuis son introduction* et sa diffusion en Europe*, les Pays-Bas sont devenus et sont encore les principaux producteurs mondiaux de bulbes* et de fleurs* coupées de tulipes. Le symbole de cette domination est le parc de Keukenhof dans lequel se tient tous les ans sur 28 hectares une exposition de fleurs avec plus de 6 millions de bulbes à floraison printanière.

La production néerlandaise de bulbes de tulipes ne cesse d'augmenter, essentiellement grâce à l'accroissement des surfaces en culture. Les Pays-Bas représentent environ 80 % de la production mondiale sur une surface de plus de 8 000 hectares, contre 300 en France. La production hollandaise est d'environ 3 milliards de bulbes, dont deux sont exportés vers les États-Unis, l'Allemagne, l'Italie, le Japon… Si près de 900 cultivars sont habituellement en culture, 20 occupent un peu plus de la moitié des surfaces, dont 19 pour la production de fleurs coupées ! Malgré sa position dominante avec plus de 900 millions de tiges, la tulipe n'occupe que la quatrième place sur le marché hollandais de la fleur coupée après la rose, le chrysanthème et l'œillet. Les Pays-Bas, terre d'accueil de la tulipe, ont su conserver leur suprématie tout au long des siècles et rendre indissociable leur nom de celui de la plante. YMA

Philatélie

La tulipe occupe une petite place dans l'ensemble des timbres émis sur la flore dans les divers pays du monde. Moins de 100 timbres lui sont consacrés sur les près de 10 000 dont le sujet principal est une fleur.

La plus ancienne vignette représentant une tulipe (*Tulipa gesneriana* en l'occurrence) semble avoir été émise par les Pays-Bas en 1932. Depuis les années 1950, plusieurs pays européens, asiatiques et même américains comme Cuba ont honoré la tulipe lors d'occasions multiples. La forme adop-

Double page suivante :
Claude Monet, *Champ de tulipes. Hollande*, 1886. H/t 66 × 82. Paris, Orsay.

tée peut être une tulipe stylisée, une tulipe horticole ou une tulipe botanique.

En 1979, les Pays-Bas sortent une évocation de champs de tulipes en fleur, tandis que l'Iran émet la même année une tulipe stylisée en l'honneur de la Révolution et en 1985 une tulipe stylisée émergeant d'une urne. La tulipe est encore choisie pour symboliser certaines manifestations florales : en 1955, le Luxembourg émet deux timbres à l'occasion des floralies de Mondorf-les-bains. En 1963, à l'occasion de la Journée du professeur, l'Afghanistan opte pour des tulipes afin d'illustrer une série florale.

Les tulipes horticoles font souvent l'objet de séries, comme à Cuba en 1982, au Japon en 1990 (avec 47 timbres) ou de vignettes isolées, comme aux Pays-Bas en 1952 et 1960, en Mongolie en 1983, en Afghanistan en 1988.

Les tulipes botaniques ne sont pas absentes et les pays émetteurs ont tendance à privilégier les tulipes originaires de leur territoire.

En 1958, la Grèce émet une *Tulipa boeotica*, en 1960, la Mongolie sort une *T. edulis*. Israël consacre un timbre à *T. sharonensis* en 1968. Deux pays, l'URSS et l'Afghanistan, émettent en 1974 respectivement un timbre consacré à *T. dasystemon* et un à *T. lanata*. Il semble que la Turquie (voir Ottoman) soit le dernier pays à avoir édité un timbre sur une tulipe botanique de la région de Smyrne, *T. haytii*, proche de *T. agenensis*, en 1980. Il est à noter que la France n'a pour le moment consacré aucun timbre à la tulipe. YMA

■ PLANTATION

La plantation est, pour le jardinier amateur de tulipes, la première et quasi unique opération culturale. Elle se déroule pendant tout l'automne, entre septembre et décembre, et même après les premières gelées nocturnes, à la seule condition que le sol ne soit pas gelé et se travaille encore facilement. Si une plantation tardive ne provoquera qu'un léger retard à la floraison, il est néanmoins conseillé de ne pas dépasser la fin de l'année car une trop longue conservation* des bulbes, avec un environnement* mal contrôlé, pourrait hypothéquer la floraison.

Les tulipes ont très peu d'exigences* ; elles peuvent être plantées partout dans le jardin. Toutefois, les emplacements seront choisis en accord avec les variétés retenues, en fonction de leur hauteur, pour obtenir une composition* florale harmonieuse.

La profondeur de plantation sera égale au double de la hauteur des bulbes (règle générale pour toutes les plantes à bulbes), soit entre 10 et 20 cm pour les tulipes. On ajustera également la profondeur de plantation à la hauteur totale de la plante, soit par exemple 10 cm pour une tulipe botanique courte, 15 à 20 cm pour une tulipe Darwin et 20 cm et plus pour une tulipe Fleur de lis très haute. Un bon ancrage et un bon développement de la plante seront ainsi assurés. La distance entre les bulbes sera fonction de l'effet recherché, qui sera d'autant plus spectaculaire que la plantation

Profondeur de plantation des bulbes de crocus (en haut) et de tulipes (en bas).

Tulipe Simple hâtive 'Princess Irène'.

sera dense. Une distance de 10 à 15 cm entre les bulbes convient pour un massif, une distance plus courte pourra être utilisée dans les bacs* et jardinières.

Pour planter, on utilisera de préférence un plantoir à bulbe, qui permet de placer ce dernier à la profondeur convenable sans tasser les bords du trou et surtout sans laisser d'air en dessous. Cette poche d'air, qui reste souvent avec le plantoir traditionnel, ne permet pas une installation correcte des racines et compromet le développement de la tulipe au printemps. Le bulbe sera déposé pointe vers le haut, puis on ramènera la terre par dessus en la tassant légèrement. CG

◼ Préparation thermique

De nombreux travaux de recherche effectués en Hollande* et en France depuis une trentaine d'années ont montré l'influence prépondérante de la température sur l'aptitude à la floraison et sur sa rapidité (voir Environnement). L'ensemble des séquences de températures appliquées aux bulbes* avant leur plantation s'appelle la préparation thermique. On parle alors de « bulbes préparés ».

En adaptant le niveau de température et la durée de son application avant la plantation*, on sait désormais avancer ou retarder les floraisons en fonction de la méthode de production utilisée, de la variété et de l'origine des bulbes.

Il existe trois possibilités d'intervention au cours du cycle* végétatif. L'initiation florale, qui se déroule après* la floraison entre la récolte du bulbe et l'apparition d'un bourgeon floral, peut être accélérée par un traitement d'une semaine à 34° puis un passage à 20° ; la floraison est ainsi plus hâtive. Une deuxième phase de traitement par le froid – 6 semaines à 9° ou 9 à 12 semaines à 5° – provoque un développement plus rapide des racines. Enfin, si les bulbes, plantés dans des conditions favorables à la remise en végétation (développement des racines puis de la tige et des feuilles), sont soumis à des températures de 16 à 20-22°, la croissance des parties souterraines et aériennes est plus rapide.

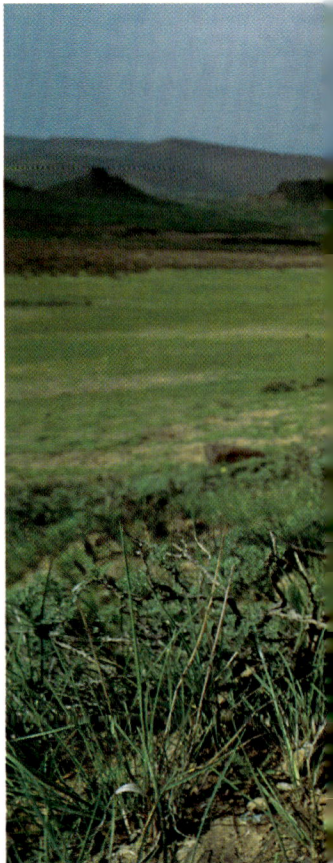

Ces techniques de préparation thermique sont principalement utilisées par les producteurs de fleurs coupées de tulipes. Le jardinier amateur, pour sa part, aura recours au forçage*. CG

Tulipes en caisses manipulables pour les différentes préparations thermiques et forçage.

◼ Printanière

Toutes les espèces de tulipes ayant pour origine* des régions aux climats similaires, leur cycle* végétatif est tel qu'elles ne peuvent fleurir, dans la nature comme dans le jardin, qu'au printemps, sur une

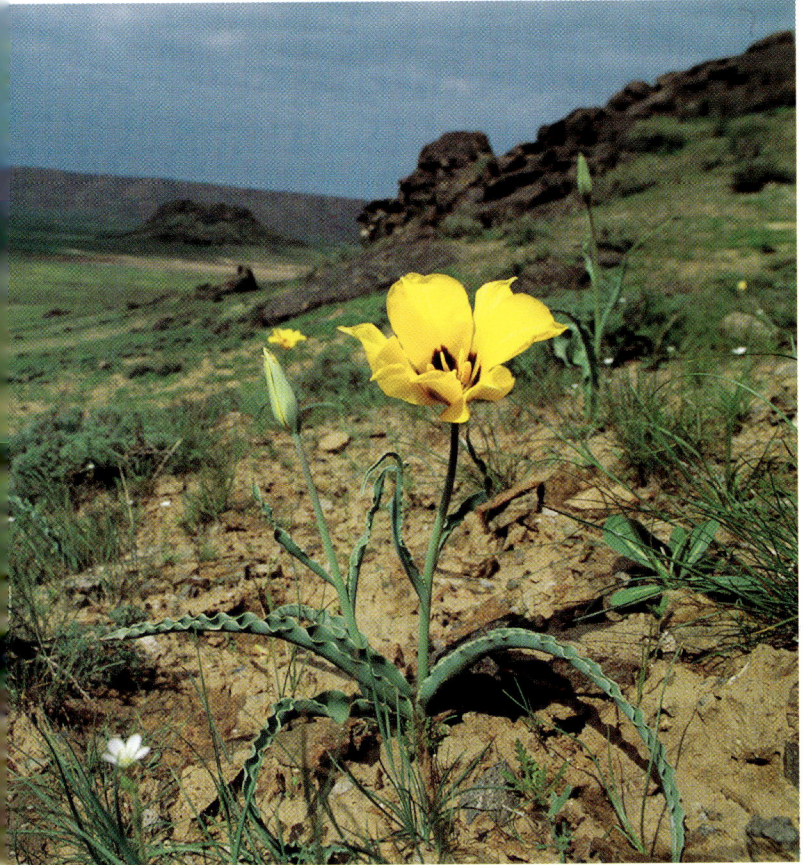

Tulipa batalinii.

période allant approximativement du mois de mars au mois de mai. Il est possible, en choisissant judicieusement les espèces* botaniques et les cultivars*, d'avoir une floraison s'étalant sur trois mois. La classification* horticole donne quelques indications puisque les Hâtives fleurissent vers le mois de mars et que les Tardives s'épanouissent en mai, les autres espèces se répartissant entre ces deux extrêmes.

Très souvent, la fleur des cultivars actuels aura une durée de vie de trois à quatre semaines. Par contre, les tulipes botaniques, dont certaines peuvent se mettre à fleur dès le début de mars comme *Tulipa præstans* Hoog et ses cultivars ou même en février comme *Tulipa pulchella* Fenzl, ont une floraison éphémère de quelques jours et sont beaucoup plus sensibles à l'environnement* – pluie, vent, écarts brutaux de température. Le départ de la végétation avec l'apparition tout d'abord des feuilles puis de la fleur est tributaire de la température et de l'humidité du sol*. Les conditions météorologiques doivent aussi être propices. Il est certain que des alternances de chaleur et de gel durant le printemps ne favorisent guère un bel épanouissement des fleurs, pas plus que des pluies abondantes. YMA

■ **PROTECTION**
La disparition des espèces sauvages

La tulipe, comme beaucoup d'autres plantes, doit être protégée parce qu'elle appartient au patrimoine d'une région, mais aussi parce que la diversité génétique est nécessaire à la sauvegarde de nombreuses espèces. En France, en Suisse ou en Italie, la destruction des lieux abritant des tulipes sauvages et la modification de nombreuses pratiques culturales traditionnelles (binage, sarclage, pâture extensive, non emploi de désherbants et d'engrais) ont fait disparaître progressivement plusieurs espèces que l'on ne retrouve plus à l'état naturel. Dans plus de 80 % des sites du nord de la France répertoriés au début de ce siècle, la tulipe a disparu.

C'est pour cette raison que dix espèces sont inscrites sur la liste des espèces protégées pour l'ensemble du territoire français. En cas de non respect des dispositions des arrêtés interministériels qui interdisent la récolte des fleurs ou des bulbes dans la nature, le contrevenant, en application du code rural « Protection de la faune et de la flore », risque une amende ou une peine de prison.

Dans la flore* française, trois espèces sont déjà éteintes : *Tulipa aximensis* Jordan (à fleur rouge), *T. billietiana* Jordan (à fleur jaune vif), *T. marjoletii* Perr. & Song (à fleur jaune pâle virant au blanc en s'épanouissant) ; sept sont en danger : *T. clusiana* DC. (à fleur blanche et rouge), *T. didieri* Jordan (à fleur rouge franc), *T. lortetii* Jordan (à fleur rouge jaunâtre à l'extérieur, rouge vif à l'intérieur avec une macule ovale noire), *T. mauriana* Jordan & Fourr. (à fleur rouge orangé), *T. montisandrei* J. Prud-homme (à fleur rouge rosé atténué de blanc à l'extérieur), *T. planifolia* Jordan (à fleur rouge intense), *T. platystigma* Jordan (à fleur rose lilas) ; deux sont vulnérables : *T. agenensis* DC. (à fleur rouge jaunâtre à l'extérieur et rouge vif à l'intérieur avec une macule ovale noire), *T. raddii* Reboul (à fleur rouge vif). YMA

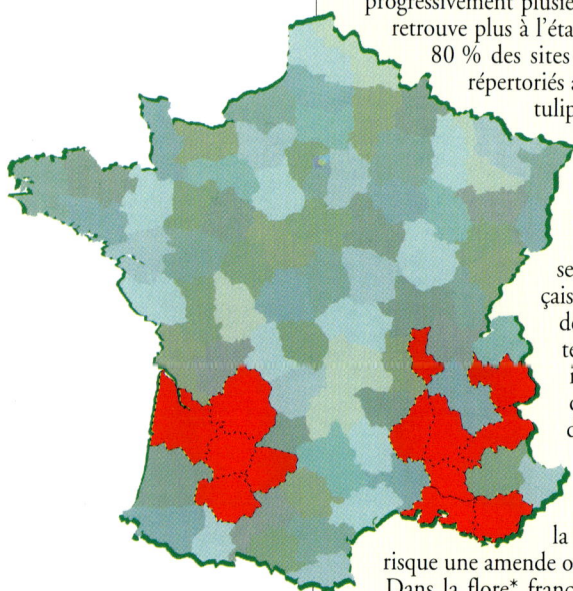

■ Répartition actuelle des espèces de tulipes botaniques à l'exception de *Tulipa sylvestris*.

Tulipa sylvestris.

Représentation naturaliste

En dehors des motifs* décoratifs, de nombreux artistes vont s'efforcer de donner un aspect réaliste à leurs fleurs dans le cadre de compositions souvent complexes. Malgré l'exactitude de la représentation, il ne s'agit pas de florilèges*. Ainsi, dans les tapisseries hollandaises mais aussi françaises des XVIIᵉ et XVIIIᵉ siècles, comme celles de la manufacture de la Savonnerie, ou dans certaines tentures anglaises du XVIIIᵉ siècle de Joshua Morris, les vases de fleurs sont garnis d'espèces variées, dont la tulipe, dans des couleurs en majorité pastel afin d'obtenir une harmonie des tons. Au XVIIᵉ siècle – âge de la tulipomania* –, la tulipe est sans doute la fleur la plus représentée, notamment par l'école flamande ou hollandaise et des artiste comme Jan Brueghel (1568-1635), Ambrosius Bosschaert (1573-1621), Rolandt Savery (1576-1639) ou Jan van Huysum (1682-1749). L'horticulteur Kerlage fait réaliser son catalogue de tulipes (Tulpenboek) par le peintre Jacob Marrell (1617-1681). En France, Gaston d'Orléans commande un florilège, à l'origine d'une superbe collection de vélins* dans laquelle une place de choix lui est réservée.

La tulipe donne lieu à différents modes de représentation. Dans le tableau de Rubens *Juste Lipse et ses disciples* ou *Les Quatre Philosophes* (vers 1610), un simple bouquet de quatre tulipes – une rouge, une jaune et deux panachées* – est placé dans une niche à coté d'un buste de Sénèque. On trouve aussi des guirlandes de fleurs et de fruits ou des bouquets composés qui connaissent une grande vogue au XVIIᵉ siècle. S'y mêlent différentes espèces ne fleurissant pas obligatoirement à la même époque. Des capucines et des roses d'Inde à floraison estivale côtoient des lis s'épanouissant en juin et des tulipes d'avril. Les guirlandes de fleurs encadrant soit des portraits allégoriques comme celui de Guillaume III d'Orange par Jan D. de Heem (1606-1683), soit des symboles eucharistiques comme dans le tableau attribué au Flamand Fopsen Van Es (1595 ?-1666), *La Sainte Famille avec saint Jean-Baptiste et des anges*, sont composées d'une vingtaine de genres dont la tulipe.

Dans *Un vase de fleurs sur une console de marbre* (vers 1807) de Christiaen Van Pol (1752-1813) apparaissent deux tulipes que La Quintinye* aurait pu classer, à cause de leurs nombreuses panachures, dans la catégorie des Marquetines et qui seraient assimilées de nos jours aux tulipes Rembrandt.

Beaucoup plus contemporain, un artiste comme Vallotton (1865-1925), du groupe des Nabis, peindra des tulipes dans deux de ses huiles. YMA

Ambrosius Bosschaert (1573-1621), Bouquet de fleurs aux tulipes, 1609. H/b 50,2 × 35,3. Vienne, Kunsthistorisches Museum.

Rocaille

Compte tenu du caractère « naturel » des rocailles comme des jardins alpins, c'est-à-dire des jardins évoquant la montagne et sa flore, les tulipes à planter sont choisies de préférence parmi les espèces* botaniques ou les cultivars* relativement proches des types botaniques comme les nombreux hybrides des Tulipes Kaufmanniana, Tulipes Greigii et Tulipes Fosteriana. Les bulbes*, mis en place pour plusieurs années, ne sont pas arrachés après* la floraison. Il est donc impératif que des condi-

Tulipa tarda.

tions optimales soient remplies lors de la plantation* et durant le cycle de culture afin d'éviter un dépérissement rapide des plantes. L'environnement* doit être favorable : un sol qui se réchauffe rapidement au printemps et qui, surtout, ne conserve pas d'eau en excès, ce qui ferait pourrir le bulbe. Un bon drainage s'avère nécessaire, même si la terre doit conserver une certaine humidité.

La composition* florale est laissée à la libre appréciation de chaque jardinier. Néanmoins, il faut être attentif aux autres plantes qui vont composer la rocaille ou le jardin alpin et renouveler l'intérêt de la présentation tout au long de l'année. Des essences comme les conifères de rocaille ont un système radiculaire très dense et superficiel qui a tendance à s'étendre. Les tulipes, développant peu de racines, ne sont pas en mesure de lutter contre une concurrence souterraine. Or il est indispensable que les bulbes puissent se reconstituer tous les ans. Une solution efficace pour les préserver est de les placer dans des pots de terre ou plastique dont on a supprimé le fond afin d'obtenir un bon drainage. Le diamètre de ces récipients doit tenir compte du mode de reproduction, surtout pour les espèces à stolon comme *Tulipa clusiana* ou *T. tarda.* Les racines des autres plantes ne peuvent pas aisément y pénétrer et l'eau n'y stagne pas. Ainsi est créée l'une des conditions de la réussite de la culture. YMA

■ **Sauvage**
Voir Classification botanique

Tulipa clusiana var. *chrysantha.*

■ Sélection

Du fait des difficultés techniques liées à l'hybridation* et au semis* de la tulipe, la création de nouveaux cultivars* reste réservée à un petit nombre de professionnels spécialisés.

Actuellement, la sélection se fait en fonction des critères suivants : pour les fleurs à couper, les tulipes doivent être aptes au forçage* et la fleur avoir une bonne tenue une fois coupée ; pour les plantes vendues en pot, l'aptitude au forçage est également recherchée avec une bonne tenue des fleurs et un feuillage légèrement retombant ; pour le jardin, la précocité, la résistance aux intempéries et aux maladies*, sans négliger l'esthétisme et l'originalité sont les qualités retenues. Les caractéristiques agronomiques sont aussi primordiales si l'on veut avoir de bons rendements lors de la multiplication* et une bonne résistance aux chocs au cours des diverses manipulations.

Des recherches sont entreprises afin d'obtenir des données fiables sur la transmission de certains critères. Sur les milliers de graines semées, quelques dizaines seulement seront sélectionnées comme fleurs nouvelles, permettant peut-être d'obtenir un cultivar digne d'intérêt au bout de 10, 15 ou 20 ans. CG et YMA

■ Semis

Le semis est une technique de multiplication* extrêmement peu employée pour la tulipe. En fait, il sert essentiellement pour créer une tulipe. Si la multiplication* par bulbe* est une technique de clonage, le semis, qui fait suite à la fécondation* croisée, permet de faire apparaître de nouveaux caractères.

Cultivée à partir d'une graine, la tulipe a un cycle de multiplication très long : la plante ne devient généralement florifère qu'après 5 à 6 ans. De ce fait, les conditions très précises de semis restent des secrets propres à chaque obtenteur*. Les graines, récoltées entre juin et août, sont d'abord passées au froid pour lever* leur dor-

mance. Semées à l'automne dans un terreau de semis humide, elles germent pendant l'hiver et donnent au printemps une première feuille cotylédonaire. L'embryon produit une racine et un organe particulier, partiellement creux, appelé bulbe plongeur, qui s'enfonce dans le sol, plus bas que le niveau de germination de la graine. Il se transforme en mai-juin en un petit bulbe qui, après 4 à 5 autres cycles de végétation, donnera un bulbe florifère.

Ce procédé est très long et donc coûteux pour les obtenteurs, qui travaillent depuis quelques années à la mise au point de techniques de multiplication *in vitro**. CG

Fleurs coupées afin de permettre un meilleur grossissement des bulbes.

Les exigences* de la tulipe sont assez modestes en matière de sol, puisqu'en réalité, elle peut croître et se développer dans pratiquement tous les types de sols, des plus sableux aux limono-argileux. Le seul ennemi réel de la tulipe est l'excès d'humidité, car il peut provoquer l'asphyxie des bulbes et engendrer des pourritures, généralement irrémédiables. Un sol limoneux, sableux ou limono-argileux conviendra parfaitement. L'ameublir soigneusement avant la plantation*. Les sols trop lourds, très gras et argileux pourront être améliorés par un apport de tourbe ou de terreau assez drainant,

Répartition des bulbes avant plantation.

■ SOL

incorporé en mélange. On obtiendra ainsi un meilleur enracinement.

Dans le cas de sols extrêmement sableux, on pourra tirer profit d'un enrichissement par un amendement organique, qui permettra un meilleur développement des tulipes (voir Nourriture et arrosage). On utilisera à cet effet un compost de fumiers, un compost urbain, ou un compost de champignonnière, mais toujours bien mature. Il sera mélangé avec soin.

Le sol devra assurer une bonne alimentation en eau, soit grâce à sa capacité de rétention, soit en supportant bien l'arrosage. Son pH sera de préférence proche de la neutralité (compris entre 6 et 7). Dans le cas de culture de tulipes en bacs*, pots ou jardinières, on utilisera de préférence un terreau prêt à l'emploi du commerce de type « plantation », qui allie un bon drainage et une capacité de rétention en eau suffisante. On veillera à disposer dans le fond des bacs une couche de graviers ou de sable, afin d'assurer un bon écoulement de l'eau d'arrosage.

Enfin, dans le cas très particulier du forçage* de tulipes en pot pour Noël par exemple, il conviendra de choisir un terreau de type « plantes d'appartement », plus adapté à la culture à l'intérieur, dans des conditions de température plus chaudes. CG

Tulipe Triomphe 'New Design'.

D'après Hendrick Gerritsz Pot, *Le Chariot des fous* ou *Satyre sur la tulipomania*. Gravure, XVIIe siècle.

■ **Stolon.** Voir Bulbille

■ **Tendances de demain**

Si les recherches de nouveaux hybrides* et les critères retenus par les obtenteurs* et les multiplicateurs sont bien connus, les souhaits du public sur le moyen terme sont plus difficiles à déterminer. Toutefois, que ce soit pour la fleur* coupée ou pour les bulbes plantés dans les jardins, l'analyse des ventes des dernières années permet d'avoir quelques indications. Il est alors assez simple de modifier les surfaces relatives des différents cultivars* et des couleurs* actuellement en culture pour mieux adapter la production à la demande.

Le problème devient plus ardu pour définir les critères, surtout esthétiques, des sélections* en cours car les bulbes concernés seront mis sur le marché dans 10 ou 15 ans. En fonction de quelle demande créer aujourd'hui une tulipe ? Les phéno-mènes de mode, les influences culturelles plus profondes peuvent modifier le goût du public. Les cultivars* avec une dominante de caractères sauvages*, portant plusieurs fleurs sur la même hampe, ou les espèces botaniques sont l'objet d'un intérêt croissant.

Pour les espèces botaniques, cette augmentation de la demande suscite de nombreux problèmes de conservation dans leur milieu d'origine*, où une protection* devient indispensable. Elles sont peu ou pas multipliées en culture et parfois sont littéralement pillées, au risque d'entraîner leur disparition à plus ou moins court terme à l'état naturel. S'il y aura toujours des amateurs pour les fleurs spectacles et les grands massifs monochromes printaniers, les faveurs se portent de plus en plus vers les tulipes botaniques, au caractère sauvage, placées dans des rocailles* et des jardins alpins. YMA

◼ TULIPOMANIA
Quand la tulipe valait de l'or

En 1574, Selim II demande la livraison de 50 000 bulbes en provenance de la région d'Aziz pour ses jardins royaux. Le prix d'achat de chaque bulbe est jugé beaucoup trop élevé par le sultan qui ordonne au premier magistrat d'Istanbul de fixer le prix de vente des bulbes. Tous ceux qui les vendront plus cher seront expulsés de la ville.

Quelques décennies plus tard, un phénomène similaire se développe aux Pays-Bas*, dont les terres meubles et sableuses se révèlent propices, dès le début du XVIIe siècle, à la culture de la tulipe. Cent-quarante cultivars* sont répertoriés ; beaucoup sont représentés dans l'ouvrage de John Parkinson (1567-1650), *Paradisi in Sole*, paru à Londres en 1629. La multiplicité des couleurs* et des formes* rencontre un très vif succès qui dégénère bientôt en véritable folie : chacun veut posséder la dernière nouveauté panachée*. C'est pourquoi sur les 500 cultivars connus en ce début du XVIIe, près de 450 seront dessinés et paraîtront dans des florilèges* et ouvrages divers (voir Représentation naturaliste), flamands, anglais, allemands, français.

D'objet de convoitise, la tulipe devient objet de spéculation entre 1630 et 1637. Les prix, qui s'envolent littéralement, ne correspondent à aucune réalité. Acheté et vendu sans être vu, voire sans même exister, le bulbe est désormais une valeur boursière. La popularité de la fleur et sa beauté ont déclenché cette folie que l'on ne retrouvera jamais pour une autre plante. C'est ainsi qu'un

bulbe de 'Semper Augustus' se vend 4 600 florins, d'un 'Amiral Van Enkuisen' jusqu'à 11 500 florins. Certains amateurs fortunés sont prêts à céder tous leurs biens pour le plaisir de posséder un bulbe. Un « fou » de tulipe donna deux chargements de blé, quatre de seigle, quatre bœufs gras, huit porcs, douze moutons, deux barriques de vin, quatre barils de bière, deux caisses de beurre, mille livres de fromage, un lit, un matelas, des oreillers, un costume, un pot en argent, tout cela pour un seul bulbe de 'Vice Roy'.

Le 27 avril 1637, le gouvernement des États de Hollande intervient pour mettre un terme à cette spéculation, provoquant un krach de nature boursière : il était vendu plus de bulbes qu'il n'en était produit. De nombreux propriétaires de bulbes sont brutalement ruinés. Certains en deviennent « tulipophobes », détruisant les plantes dès qu'ils les aperçoivent. Mais cet arrêt de la spéculation ne marqua pas pour autant la fin de la culture de la tulipe en Hollande. Si les prix baissèrent, la demande continua de croître. YMA

Nicolas Robert
(1614-1685),
Tulipa monstruosa.
Aquarelle sur vélin,
46 × 33.
Paris, bibliothèque
centrale du
Muséum d'histoire
naturelle.

Tulipa munstrosa.

■ **Variété.** Voir Cultivar

■ **Vélin**

Gaston de France, duc d'Orléans, frère du roi Louis XIII, prit l'initiative de constituer un florilège* afin de conserver les plantes rares cultivées dans son jardin de Blois. Vers 1630, il confie à Nicolas Robert (1614-1685) la charge des peintures sur un support très particulier, le vélin. C'est une peau de veau mort-né, parchemin blanc, fin, transparent et souple. Léguée à Louis XIV et enrichie au cours des siècles

– des artistes réputés furent appelés, comme Gérard Van Spaendonck (1746-1822), Huet père et fils ou les frères Redouté au XIXe siècle –, la collection des vélins compte aujourd'hui pas loin de 7 000 pièces qui représentent surtout des plantes et des animaux. Elle est conservée depuis la Révolution à la bibliothèque du Muséum national d'histoire naturelle, à Paris.

La particularité de ces documents, à l'intérêt tant botanique qu'historique, tient à la fois aux dimensions de la peinture (environ 45 × 30 cm), à la nature du support et aux conditions d'exécution de ce travail très particulier, alliant la précision et l'exactitude scientifiques à un sens de l'observation et de l'esthétique. Avant de commencer son travail, l'artiste doit humecter le vélin après l'avoir tendu, puis il passe sur la surface à peindre une « préparation blanche ». Il peut ensuite ébaucher son sujet avec un crayon à mine d'argent puis le mettre en couleurs par couches successives.

La collection actuelle des vélins comprend 52 tulipes : quarante-trois sont anonymes et neuf sont signées de Nicolas Robert. Il s'agit de *Tulipa gesneriana* de couleurs* diverses, panachées*, striées, parmi lesquelles figurent deux tulipes « monstrueuses », l'une rouge, l'autre jaune. YMA

■ Vivace

Dans le vocabulaire horticole, il est de coutume de classer les plantes en fonction de la durée de leur cycle de végétation. C'est ainsi que sont considérées comme vivaces toutes les plantes herbacées dont tiges et feuilles meurent chaque année et reparaissent tous les ans à la belle saison grâce à une souche souterraine qui, seule, persiste durant l'hiver.

La tulipe, si le bulbe* est laissé en terre, semble bien remplir ces conditions. Or si l'on se réfère au cycle* végétatif, le bulbe florifère n'est pas le même d'une année sur l'autre. La tulipe devrait donc être considérée comme une bisannuelle, une plante dont le cycle se déroule à cheval sur deux années civiles et qui doit subir le froid avant de fleurir. Cependant, cette définition horticole n'est valable que pour les végétaux dont la durée de vie, de la germination à la fructification, est dans le cycle précité. La tulipe ne rentre donc pas, comme la majorité des plantes bulbeuses, dans le cadre des définitions horticoles des

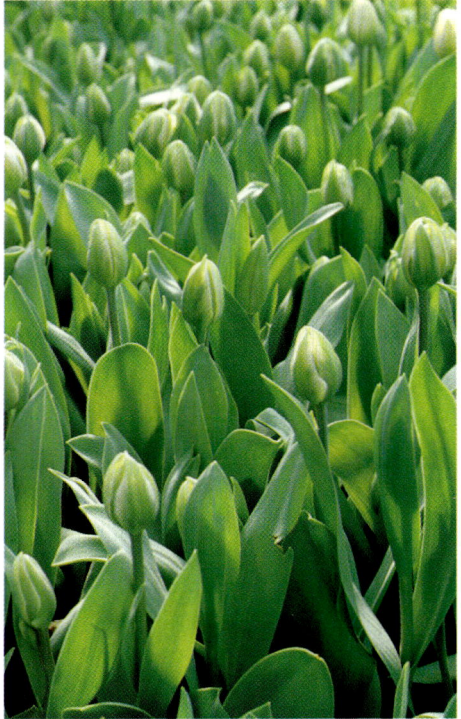

Champ de tulipes en bouton.

plantes annuelles, bisannuelles ou vivaces.

En horticulture, on parle presque toujours de plantes bulbeuses à son propos et, en écologie, de plantes géophytes. En effet, au début du XXe siècle, le botaniste danois Raunkiaer (1905-1934) propose une classification fondée notamment sur la protection des bourgeons durant la saison défavorable. Le genre *Tulipa*, plante herbacée dont les bourgeons sont portés par un organe souterrain, rentre dès lors dans la catégorie des plantes géophytes. YMA

Double page suivante : Tulipe Kaufmanniana 'Stresa'.

TULIPES DITES DE JARDIN	Noms	Diamètre de la fleur	Hauteur de la plante	Coloris	Caractéristiques
	1. Simples hâtives	de 7 à 12 cm	de 20 à 40 cm	Tous coloris.	Bouton de la fleur bien pointu, s'ouvrant pour former une corolle plate. Les premières à apparaître après l'hiver.
	2. Doubles hâtives	jusqu'à 10 cm	de 20 à 40 cm	Tous coloris.	Très résistantes, durent très longtemps. Ressemblent par leur larges pétales à des pivoines.
	3. Triomphes	de 10 à 12 cm	de 40 à 55 cm	Souvent rayée ou finement bordée d'une couleur contrastée.	Essentiellement le résultat du croisement des tulipes Simples hâtives et des tulipes Simples tardives. Tiges très résistantes, fleurs de forme simple à l'aspect velouté.
	4. Hybrides de Darwin ou Darwin hybrides	jusqu'à 15 cm Fleurs très élancées.	de 60 à 70 cm	Parmi les plus colorées des tulipes.	Premiers croisements effectués par D. W. Lefeber en 1936 entre tulipes Darwin, tulipes Fosteriana et autres tulipes botaniques.
	5. Simples tardives	Grandes fleurs simples résistantes.	de 60 à 75 cm	Tous coloris.	Réunit les anciennes classes Cottage et Darwin (obtenues par Jules Lenglart en 1889 à partir de tulipes Cottage, et qu'il dédia à Darwin).
	6. Fleurs de lis	jusqu'à 15 cm épanouie	de 45 à 60 cm	Coloris profonds et lumineux.	Tépales s'incurvant vers le haut pour se terminer en pointes effilées.
	7. Frangées ou Laciniées	de 10 à 12 cm	environ 50 cm	Tous coloris.	Tépales bordés d'une frange découpée.
	8. Viridiflora	de 10 à 12 cm	environ 50 cm	Fleurs partiellement vertes.	

TULIPES DITES DE JARDIN

Noms	Diamètre de la fleur	Hauteur de la plante	Coloris	Caractéristiques
9. Rembrandt	jusqu'à 15 cm	environ 50 cm	Fleurs rouges, blanches ou jaunes, panachées, zébrées ou lignées de brun, bronze noir, rouge, rose ou pourpre.	Division ayant une importance plus historique que commerciale : on retrouve souvent ces tulipes représentées sur les tableaux des maîtres hollandais.
10. Perroquet	jusqu'à 20 cm	de 50 à 60 cm	Tépales frangés, dentelés, à la coloration irrégulière.	Proposées dès 1665, et très appréciées par leur aspect exubérant. Sensibles aux intempéries.
11. Doubles tardives ou Fleur de pivoine	de 15 à 18 cm	de 35 à 50 cm		Fleurs doubles aux tépales plats, très spectaculaires. À planter dans des endroits abrités car elles sont sensibles aux intempéries.

TULIPES DITES BOTANIQUES

Noms	Diamètre de la fleur	Hauteur de la plante	Coloris	Caractéristiques
12. Tulipes Kaufmanniana	de 10 à 12 cm	de 15 à 25 cm	Fleurs souvent bicolores et feuilles striées de brun.	Espèce découverte en 1877 par Albert Regel, médecin au Turkestan. C'est une des espèces les plas précoces, en fleurissant à la mi-mars. Les tépales s'épanouissent à l'horizontale, rappelant ainsi la fleur de nénuphar.
13. Tulipes Fosteriana	Environ 15 cm de long pour chaque tépale.	de 30 à 50 cm	Certains cultivars ont des feuilles panachées ou veinées de brun.	Découvertes en 1904 dans la région de Samarkand par Joseph Haberhauer, collecteur pour la société hollandaise Van Tubergen. Le premier cultivar propagé fut 'Red Emperor 'ou 'Mme Lefeber'.
14. Tulipes Greigii	de 8 à 10 cm	de 20 à 30 cm	Généralement bicolores. Feuilles souvent veinées de bronze ou de pourpre.	Originaire du Turkestan, tulipe largement distribuée à partir de 1896 par la maison Van Tubergen. Fleurs en forme de coupe d'où le nom de tulipe Nénuphar qui leur est également donné. Très résistantes, fleurissent durant plusieurs semaines en avril.
15. Autres espèces botaniques et leurs variétés et hybrides. Voir page 117.				Plantes en général naines, à floraison précoce ; demandent des expositions au ensoleillées et des sols drainants. Souvent laissées en terre où elles se naturalisent pour former de véritables colonies.

AUTRES ESPÈCES BOTANIQUES*

	Noms	Diamètre de la fleur	Hauteur de la plante	Coloris	Caractéristiques
	Tulipes naines à fleurs blanches ou jaunes : ◀ *Tulipa tarda*	entre 12 et 15 cm	environ 10 cm	Fleurs parfumées, jaunes bordées de blanc.	Originaire du Turkestan, a une longue floraison de près d'un mois. Si elle se plaît, peut se multiplier très rapidement, grâce à ses stolons. Est parfois commercialisée sous le nom de *T. dasystemon*.
	◀ *Tulipa biflora*			Fleurs de couleur blanche à cœur jaune ou orangé. Bouton non-ouvert est verdâtre.	Aire d'origine très vaste, de la Macédoine à la Crimée. La forme vendue serait une variété tétraploïde proche de la *T. tukestanica*. Oignon très petit et soyeux, produisant jusqu'à 7 fleurs.
	Tulipes de Perse : ◀ *Tulipa clusiana*	entre 12 et 15 cm	environ 30 cm	Tépales blancs bordés de rouge lie de vin sur la face extérieure, cœur et étamines pourpres.	L'une des premières tulipes décrites par Charles de l'Écluse en 1611. Aire de répartition très vaste, du bassin méditerranéen à l'Himalaya ; serait en fait originaire d'Iran, où elle croît à 4000 m d'altitude. Propagation aisée grâce à des stolons. Longue floraison, mais avec une fleur unique.
	◀ var. *chrysantha*			Tépales jaune d'or et cœur jaune.	
	var. *stellata*			Tépales blancs et cœur jaune.	
	Tulipes à fleurs rouges et jaunes du centre de l'Asie : ◀ *Tulipa linifolia,*	entre 12 et 15 cm	environ 15 cm	Ecarlate à cœur noir, fleur jaune bronze ou abricot (pour *Tulipa batalinii*).	Tulipes tardives et produisant un bouton floral vert unique. Pour réussir leur culture, il faut un endroit chaud et ensoleillé à l'abri du vent et une terre profonde.
	◀ *Tulipa batalinii,* *Tulipa maxomowiczii.*				
	Tulipes à grosses fleurs rouges d'Asie : ◀ *Tulipa eichleri*	Chaque tépale peut atteindre 10 cm de longueur et 5 cm de largeur	de 15 à 20 cm	Fleur écarlate vif au cœur noir luisant cerné de jaune.	Trouvée dans la région de Bakou dans les années 1870. Distribuée en Grande-Bretagne et en Allemagne, ne sera commercialisée par les Hollandais qu'au début du siècle.
	◀ *Tulipa praestans*			Rouge écarlate ou orangé. Feuille avec nervure centrale saillante.	Originaire d'Ouzbékistan. La hampe porte en moyenne de 3 à 5 fleurs de floraison très précoce.
	Tulipa lanata	Les tépales ont de 11 à 12 cm de long sur 6 de large.	Jusqu'à 50 cm	Grosses fleurs rouge luisant à grand cœur olive foncé cerné d'une bande jaune.	Originaire des montagnes d'Ouzbékistan, cette espèce a été largement cultivée dès le XVIe siècle au Cachemire comme ornement des toits des temples. Demande un endroit chaud pour se développer.

* Nous avons retenu ici les espèces les plus couramment commercialisées.

I N D E X

BIBLIOGRAPHIE SÉLECTIVE

Roger Phillips, *Les Plantes à bulbes*, Paris, 1983.

Adélaïde L. Storck, *Tulipes sauvages et cultivées*, Genève, 1984.

Philippe Bonduel, *Les Plantes bulbeuses*, Paris, 1990.

Robert Mappelthorpe et Patti Smith, *Flowers*, Munich, 1990.

Clause Jardin, *Bulbes à fleurs*. Dossier technique, Paris, 1991.

Jack Goody, *La Culture des fleurs*, Paris, 1994.

Brian Mathew, *Le Grand Livre des bulbes : rhizomes, cormes et tubercules*, Paris, 1994.

Pénélope Hobhouse, *L'Histoire des plantes et des jardins*, Paris, 1994.

IFHP, *La Tulipe*, Paris, 1995.

Alain Richert, *Les Tulipes, les espèces sauvages et horticoles*, Paris, 1996.

Jérôme Goutier, *Découvrir les bulbes mois par mois*, Paris, 1996.

Alain Richert, *Le Jardin de tulipes*, Paris, 1996.

Crédits photographiques : Archives Flammarion 35, 36 ; MÜNSTER, Westfälisches Landesmuseum 10 ; NEUILLY, Photothèque des Amis des Jardins/P. Fernandes 86-87 /P. Ferret 4-5, 11, 28, 34, 36-37, 40-41, 44-45, 53h, 65hg, 66-67, 112-113 /P.Y. Nedelec 18-19, 24-25, 108 /J. Le Bret 50-51 ; NEW YORK, The Pierpont Morgan Library 80 ; PARIS, Bibliothèque nationale de France 14-15, 55, 70 ; Bibliothèque centrale du Muséum national d'histoire naturelle 30, 72, 110 ; Bios/E. et D. Boyard 59 /Régis Cavignaux 99 /M. Gunther 46h, 46b, 65bd /Ruffier-Lanche 102 /Seitre 96-97 ; Philippe Bonduel 16, 39h, 39b, 45d, 90-91, 95, 106-107 ; Cahiers du Cinéma 75 ; Chris Kutschera 26, 78 ; Dagli Orti 20 ; Jacana/F. Depalle 29, 65hd /J.P. Soulier 43 /Rouxaime 49b, 53b /G. Sommer 62-63 /E. Sipp 65bg/J. Soler 88h ; Magnum 83 /Erich Lessing 22-23, 100 /Dennis Stock 42, 56-57, 104-105 /George Rodger 48, 49h ; Photothèque du Centre international du Bulbe 60-61, 88b, 94, 103 ; Réunion des musées nationaux 68-69, 79, 85, 92-93 ; Roger-Viollet 54, 73 ; VANVES, Bridgeman-Giraudon 74 ; VILLEVANS, Daniel Canestrier couverture, 13, 32-33, 47, 58, 64, 82, 96b, 111, 114.

Directeur de la Série Science et Nature : Geneviève CARBONE
Coordination éditoriale : Béatrice PETIT
Rewriting : Claire ROUYER
Direction artistique : Frédéric CÉLESTIN
Infographies : Thierry RENARD
Photogravure, Flashage : Pollina s.a., Luçon
Papier : BVS-Plus brillant 135 g. distribué par Axe Papier, Champigny-sur-Marne
Couverture imprimée par Pollina s.a., Luçon
Achevé d'imprimer et broché en août 1996 par Pollina s.a., Luçon

© 1996 Flammarion, Paris
ISBN : 2-08-011787-4
ISSN : 1258-2794
N° d'édition : 1222
N° d'impression : 70000
Dépôt légal : septembre 1996
Imprimé en France